国宝沉浮

高小龙/著

序言

  中华民族拥有数千年的文明史,我们的祖先以他们的聪明才智创造了闻名世界的文明成果。历史文物,是华夏文明的实物例证,承载和记录了中华民族从筚路蓝缕到辉煌盛世、从忍受列强屈辱抢掠到奋起抗争求索、从各民族的隔阂纷争到团结融合,中华民族走过的每一步,都深深地印记在了历史文物之中。

  历史文物保存到今天,没有任何一件一帆风顺,全都历经了无数次的浩劫与沧桑。达官贵人的强取豪夺、封建帝王的随葬入土、盗墓者的盗掘、

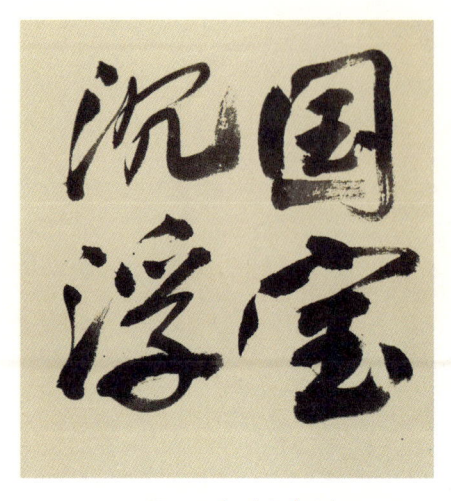

封面题字（方建勋）

无知者的毁坏和丢弃、残酷的战火兵燹……近现代时期，西方列强通过坚船利炮打开了中国闭关锁国的大门，中华民族的历史文化瑰宝更成为他们觊觎抢掠的目标，无数珍贵文物流失到海外，秘藏陈列于私人收藏家和博物馆中。同时，也有更多的仁人志士为保护祖国的文化遗产呕心沥血。1949年后，更有无数热心保护祖国传统文化的有识之士和文物工作者，用他们的智慧和汗水乃至生命，保护、抢救、发掘了一批又一批珍贵文物。本书以一件件文物为线索，描绘出隐藏于这些文物背后的传奇故事、屈辱历史、辗转历程，展示这些文物历经沉浮的非凡命运。

全书在注重知识性、真实性的基础上，重点兼顾文章内容的趣味性、可读性。语言力争生动、形象、易懂，涉及的文物也选择那些"国宝级"的、知名度高的、确实流传经历曲折的。

书中每一篇故事讲述一件或一批文物的曲折经历，并配有彩色照片，以使读者更直观清晰地认识了解这些国宝。其中部分稿件曾自20世纪90年代起在《北京日报》《中国文物报》等媒体刊载。

在撰写此书过程中，作者采访了大量的专家、学者、事件亲历者本人或亲属，包括贾兰坡、王世襄、常莎娜、廖静文、俞伟超、樊锦诗、楼宇栋张传彩夫妇等。此外，作者还实地走访了法国枫丹白露宫、英国大英图书馆、美国大都会博物馆、瑞典东方博物馆等十余个国家数十座博物馆和图书馆、收藏机构，参观、了解这些国家保存展出的中国文物，以及收藏

纽约佳士德拍卖行

过程，收集了大量资料，拍摄了大量照片。

在瑞典东方博物馆，作者看到了清政府海关为瑞典探险家斯文赫定在新疆出入边境时开具的关防凭证，以及他从新疆地区带走的大量简牍。在挪威卑尔根西方实用艺术博物馆，看到了曾任袁世凯新军的骑兵教官约翰芒笛捐献给该馆的故宫交泰殿丝毯、圆明园石雕（另有一部分他收藏的中国文物，卖给了美国洛杉矶县立博物馆）。在纽约佳士德拍卖行（christie's，旧译克里斯蒂拍卖行），了解到该行一百多年间拍卖过无数的中国文物珍品，生意兴隆。在参观河南曹操墓时，专家介绍在开展发掘时曾在墓室中发现了盗墓者用过的矿泉水瓶。在参观首都博物馆时看到一幅唐代安史之乱时期，任北平卢龙府别将粟特人何数唐氏夫妇墓出土的壁画。何数墓位于原北京市宣武区陶然亭燕京汽车厂，1998年12月在厂里建设宿舍时意外发现，北京市文物研究所立即进行抢救性发掘。由于经费紧张，没有经费起运、保护墓内壁画，该所副所长王武钰无奈地通过私人关系找到了北京市文物古建公司，请他们进行了壁画切割揭取、保存工作。在王武钰担任首都博物馆副馆长后，他又凭多年的交情，请李彦成经理代表该公司无偿将此壁画捐献给首都博物馆。古建专家王世仁先生认为此壁画可

挪威卑尔根西方实用艺术博物馆收藏圆明园石雕的展厅

以算得上首都博物馆的"镇馆之宝"。

　　1984年9月,文化部文物事业管理局和中国历史博物馆共同举办了"全国拣选文物展",展品中许多都是银行系统职工、废品收购单位职工、冶炼工厂职工、文物工作者在日常工作中拣选出来的珍贵文物。"文化大革命"期间,"河北省定县博物馆的陈簌吾、刘殿更、陈献曾三位同志 31 坚持到废品站、造纸厂拣选。自1967年以来,所得图书近万册"。包括展出的珍贵古籍明代《龙筋凤髓判注》,清代古籍《汉简》《尚书集解》《琴谱大全》《居业堂文集》等。几十年来,笔者看到、遇到这样感人的事情太多了。

　　历史文物是不可再生的宝贵资源,其留传历史,也是其文化内涵中不可忽视的一部分。揭开文物的面纱,展示其传奇的留传历史,不仅会增加其魅力,也会使世人更加珍爱它们,进而更加珍惜和尊重中华文明。

　　本文在写作过程中得到了孙玲、蒋迎春、曹伟、魏小薇、万利群等许多好朋友的帮助,在此一并致谢!

2020年11月22日

北京德胜门箭楼

目 录

1	无解的谜案——"北京人"头骨
9	变成文物的一味中药材——"甲骨"
20	韩愈、苏轼赋诗赞美的神秘石鼓
27	两次出土的宝鼎——大盂鼎、大克鼎
40	废品站捡回碎片拼成的镇馆之宝——班簋
45	两次被当作"水槽子"的国宝——虢季子白盘
49	天下第一的青铜重器——毛公鼎
54	塔毁佛牙现,灵光千古传
65	王世襄拦截住的战国铜壶
72	陈梦家索要回国的嗣子壶
81	抗战中避难香港、美国的居延汉简
87	张伯驹从"旧王孙"手中抢购捐献的《平复帖》
98	抢购回归的"二希"
113	敦煌莫高窟的世纪悲歌
123	打碎分藏到美国两座博物馆的帝后礼佛图
129	重点文物北魏太和造像被盗毁的惊天大案
140	张伯驹夫妇卖房产当首饰抢购《展子虔游春图》
148	悲鸿生命——《八十七神仙卷》
161	天各一方的昭陵六骏

166	《清明上河图》，皇宫五进出
174	朱启钤、张学良合力保护的"存素堂丝绣"
182	被改作腌咸菜缸的忽必烈玉制大酒瓮
187	《富春山居图》先遭火焚再含冤
194	智化寺的三大秘事
207	屡遭天灾人祸的《永乐大典》
212	三次迁徙一度废弃的永乐大钟
219	大隐隐于市，险被拆除的于谦祠
227	机缘与天意，景德街牌楼"复活"展出
235	八国联军分赃掠走的古观象台天文仪器
241	大胆破冰，圆明园兽首回归
253	徐悲鸿亲手修补的郑板桥《衙斋听竹图轴》
260	莫教冰鉴负初心——乾隆御制诗碑
270	抄写七部仍四散飘零，一半尽毁的《四库全书》
276	不断冒出食盐的千米古井
285	纸浆池前抢出的红色经典——《共产党宣言》
293	奔马，抗日战争时期的徐悲鸿
304	王矛，文化遗产保护传承的殉道者
312	后　记

无解的谜案
——"北京人"头骨

在北京房山区周口店镇西侧约 1 公里处，有一座属太行山边缘的小山，旧时因当地百姓一直在山上采集中药材"龙骨"，被人们称作龙骨山。这座原本无名的小山在 20 世纪初却震惊了世界。而这个故事还得从一名叫安特生的瑞典人讲起。

安特生是一名地质学家，1914 年受邀来到中国任北洋政府矿政顾问，协助中国开采煤矿并进行矿产调查。安特生有个特别的个人爱好，喜爱采

北京人头骨和模型

博物馆中的石器展品

集古动物化石和考古。一个偶然的机会,使他同周口店结下不解之缘。1918年,一位朋友给了他一包动物化石,告诉他是从周口店鸡骨山上采集的,那里的许多石灰岩洞中还有类似化石。安特生一听说北京境内竟然有动物化石,立刻动身奔向周口店。但可惜的是,他只发现了一些小型动物化石。

1921年,心有不甘的他又一次和奥地利古生物学家师丹斯基来到周口店进行发掘。这一年8月,幸运的大门向他们打开了,当地一位好心的老乡告诉他们,离鸡骨山不远的北面的龙骨山上有更大的龙骨,他们应该去那里发掘。安特生二人听后抱着试试看的心情又爬上龙骨山。他们刚到就发现一条由碎石、砂土、大动物碎骨组成的大裂隙,不一会儿就发现了猪的下颌骨,后来又发现了犀牛、熊等动物遗骨以及白色的脉石英石碎片。而更令二人惊喜的是,他们发现了两颗疑似古人类牙齿。他们意识到重大的发现在向他们招手,两个人制订了计划要在这里大干一场。可惜的是,1924年师丹斯基有要事处理回国了,他们无法进行深入的发掘。但这两颗牙齿引起了另一位在中国从事考古研究的加拿大人步达生的兴趣和重视。

步达生是一名十分卓越的考古学家、医学家。步达生原本出身于贵族世家,可他从小就自觉磨炼自己的意志和性格。上中学时找到一份驾独木舟给偏远地区运送补给品的艰险工作。有一次遇上森林大火,他机警地跳入一个小型湖泊中,在水中站了一天两夜躲过大火。1906年他从多伦多大学毕业,1919年来到中国,1921年任美国开办的北京协和医院解剖科主任。他来到北京后不久,就与安特生结成研究中国新石器时代人类活动的伙伴。他在工作中平易近人,"跟他的中国同事交往的时候,他完全忘记了自己的国籍或种族,因为他相信科学超越了这些人为的事情"。步达生根据安特生的发掘和科研成果,在1926年写出了《亚洲的第三纪人类——周口店的发现》一文,认为周口店可能是人类祖先活动生活的地方。他的文章既引起了国际学术界的震动,也引来了众多学者的怀疑、非议。为了把周口店的发掘工作开展下去,步达生1926年与当时负责此方面事务的中国地质调查所所长、我国地质学奠基人翁文灏商议,由协和医院与地质调查所合作发掘周口店遗址。同时,他又向美国洛克菲勒基金会申请赞助。1927年,步达生的提议得到各方同意,中方只是提出:"一切采集的标本归中国地质所所有,但人类学材料在不运出中国的前提下,

周口店猿人遗址
出土钻孔兽牙

观众在遗址大棚内
观看遗址

周口店北京人遗址博物馆（新馆）

由北京协和医院保管以供研究之用。""在考察过程中意外发现的历史时期的不管任何文物，将交给适当的中国博物馆。"

1927年春，周口店发掘工作开始。第一年发掘了500箱化石和一颗完好的人牙化石。1928年，德国留学归国的中国科学家杨仲健教授和北京大学地质系毕业的裴文中来到周口店，接替、协助原来的四位中外专家进行发掘。1929年，经过步达生的努力，在洛克菲勒基金会资助下，中国第一个从事新生代地质、古生物学特别是古人类学研究的专门机构——中国地质调查所新生代研究室诞生。这年冬天，周口店的考古者们也终于收到了老祖宗发给他们的第一份奖品！

1929年12月2日，裴文中带领工人在一个垂直的、井状的狭窄山洞中进行发掘。他一只手举着蜡烛，另一只手握着铁镐发掘。洞内静得吓人，铁镐敲击岩石的回声久久不散。忽然，裴文中的眼睛一亮，兴奋得叫了起来："这是什么？是人头骨！"几年的修行终成正果，在山石中沉睡了50万至70万年的北京猿人头骨终于被找到。

头骨的发现似惊雷震惊了世界，更令人兴奋的是没过多久，古人类制造的石器、骨器、用火和控制火的证据相继发现。尤其是用火遗迹的发现，这在世界上是首次，这一发现把人类用火的历史一下提前了100万年！

1931 年，后来成为我国考古专家的贾兰坡先生作为技工也来到周口店。1933 年 11 月 9 日，他和民工们又发现了一具完整的头骨。那时，从龙骨山山顶洞发现的人类化石，可辨认出属于七八个不同的人体，考古学家们还发现了穿孔的兽牙、小石珠、鱼骨，这些都是原始人的装饰品，这也证明"北京人"具有爱美、热爱生活的习俗。另外，他们也发现了硕猕猴、披毛犀、剑齿虎、马熊等 37 种动物的化石。不久更使全世界震惊的发现诞生了。1936 年 11 月，贾兰坡又在周口店一个新的发掘点发现了 3 具完整原始人头骨。欧美国家的报道当时就达 2000 余篇，"中国猿人北京种"即"北京人"已闻名世界。当时这些头骨都送到了北京协和医院，由后来成为我国当代著名画家的陈志农等中外技术人员修复、制作模型。

就在周口店发掘工作捷报频传、硕果累累之时，厄运却突然降临在这项伟大的事业头上。1937 年 7 月，日本侵略者攻入华北，周口店地区成为战场，发掘工作被迫停止。就在大家想方设法躲避这场灾难的时候，1938 年留守在发掘工地的三名爱国的中国技术人员被日军逮捕，日军判定三人为"抗日便衣队"，对他们实施酷刑后用刺刀挑腹杀害。周口店古人类遗址落入日军的魔爪。当时，北京城内中方的所有重要机构已搬到大后方，所有研究机构原址都被日伪占领。

北京协和医院由于是美国人开办的，美国当时未参战，暂时还未被占领，可贾兰坡等中国人已被监视。1941 年日美关系开始紧张，人们开始担心保存在那里的"北京人"头骨和其他化石。经过长达几个月的反复商议，中国地质调查所所长翁文灏与北京协和医学院行政委员会负责人胡恒德决定，将"北京人"化石运到美国本土保存。1941 年 11 月中旬，贾兰坡和另一位技术员将周口店最珍贵的人骨化石用细绵纸、棉花、纱布、小纸盒包好。装入两只木箱内，交给了协和医学院总务长博文。11 月底，这两只价值连城的木箱运到了美国大使馆，准备由美国海军陆战队携带到纽约美国自然历史博物馆保存。12月5日，载有"北京人"化石的专列开往秦皇岛，计划在那里转送到美国航轮——哈里逊总统号上。可劫难就在这时发生了，专列还未到秦皇岛就被日军截获。美军成为战俘。从此，两只装有"北京人"头骨的箱子下落不明。

后来有人说日军截获了箱子，在用轮船运往日本时轮船翻了；又有人说劫火车的日本人不懂得化石的价值，箱子和化石一起被扔了；也有人说被俘美国军医在战俘营中把化石弄丢了……

此后不久，协和医学院也被占领，医院内的办公楼被改作北京日军宪兵司令部，保存在楼内的周口店发掘的文物、有关资料或是被掠走、或是被焚毁。日本的侵华战争，使周口店十几年发掘出的最珍贵的"北京人"化石全部遗失，资料大部分被毁，造成世界人类学、考古学有史以来最大的浩劫。此后的几十年里，中外学者都曾费尽心机地寻找"北京人"头骨的踪迹，可总是像没有结尾的侦探故事一样令人绝望。日本战败后，1946年我国考古学家李济曾代表中国政府到日本帝国大学找了五次仍未找到，只找到日军抢走的周口店出土的一些石器、骨器。"北京人"头骨成为等待人们去破译的未解谜案。

附记：

上面史实的主要内容是1998年笔者在贾兰坡老先生家中，听老人亲口讲述的。与老人交流时的一些情境，回想起来仿佛仍历历在目。

那时老人的家，更像一个书库。原本面积就不大的两居室，几乎被那些用角铁焊成的简易书架占满。书架上、书桌上、折叠椅上、铺在房间狭小空地的报纸上，全都是书籍。贾老待人、聊天都无拘无束，充满童心。对于我这么一个初次见面毫无头衔的毛头小子，他也是热情招待、倾心相交。记得我刚一进屋，就看到他书桌上有一只直立在支架上的圆型金属盘，

周口店遗址大门

盘沿上印着英文,盘中心有一个徽章。他以既骄傲又满不在乎的口吻笑着说,那是美国的世界探险家协会发给他的,他现在被迫被封为探险家了。当问起当年他发现"北京人"头骨的具体情节时,老人得意而又顽皮地讲道:"谁也不会想到当年的情景。那时干活的民工把从泥土中挖出的小石片叫作'韭菜'。那一天我与他们一同在洞底下小心地挖掘,听到一个民工喊了一声'韭菜',就将挖到的一块小石片扔到地上。我发现那石片好像不是很沉,落地无声,就走过去捡了起来,仔细看了一下对他说,这哪儿是'韭菜',这不是骨头嘛。我就让他让开位置我亲自去挖,没想到,竟然挖出了完整的北京人头盖骨……"

伴随着回忆,老人的笑容慢慢消失了,语气也逐渐沉重起来:"如果不是日本鬼子入侵,当时还能继续开展挖掘。日本人侵占那里后,挖掘工作停了,人员撤了,遗址也没人保护了……"

由于周口店遗址在人类学、考古学上的重要地位,1953 年,在遗址区域内建造了博物馆;1961 年被首批公布为全国重点文物保护单位;1987 年被联合国教科文组织列入"世界文化遗产名录"。它也是中国第一批列入的文化遗产。为了保护遗址,2014年又建设了一座钢结构巨型大棚,把遗址和山体整体罩上了,并在山下公路旁修建了大型博物馆。

变成文物的一味中药材
——"甲骨"

中国是世界上最早发明文字的几个国家之一。早在公元前1600多年，我们的祖先就将象形文字刻在龟甲和兽骨上，被称为甲骨文。祖先们在选择祭祖大典、预测农田渔猎收获，以及预测战争胜败、气候变化、身心健康时，就在龟甲兽骨上刻写相关文字，之后放入火中烧灼，最后由"太卜"（近似巫师）根据烧出的裂纹与所刻文字的关系，来确定事情的吉凶和变化进程。甲骨文对于研究我国早期奴隶社会的历史，无疑是极为珍贵的实物

国子监琉璃牌楼

国子监辟雍

国子监大殿

中国文字博物馆（河南省安阳）

证据。但在漫长的历史长河中，甲骨文近 3500 年间不被人们所知，被历史的泥沙埋没。古代人著述汉字时只知真、草、隶、篆，不知有甲骨文。刻有古老文字的甲骨还被当作中药"龙骨"，陈放在中药铺中出售。依据明代医书《本草纲目》记载，龙骨气味甘平，可治健忘和小儿脐疮等疾病。直到 20 世纪初，甲骨文才终于抖掉身上的历史尘埃，撕掉中药的标签，闪耀出文明的光芒。

在清代时，我国许多中药铺都出售龙骨，它们都是农民在田间地头捡到的，大多数龙骨是古动物化石。但是，当时河南安阳小屯的农民在田间拾到的许多龟甲、兽骨都刻有文字，也被当作龙骨卖给中药铺。当时一斤甲骨才卖六文钱（一两银子可换一千文铜钱），不被人们重视。巧的是光绪二十五年（1899 年）时，在北京国子监任祭酒兼团练大臣的山东人王懿荣偶然得疾病需用龙骨治疗，他派人到宣武门外菜市口达仁堂老店买了一些。王懿荣本人是金石专家，他拿到龙骨后发现上面刻有类似古文字的符号，凭直觉和经验他怀疑它们是最早的文字。

国子监在清代是全国的最高学府，培养出的学生可以进国家研究机构和官员储备机构——翰林院，而且国子监内还有俄罗斯、日本、越南、朝鲜等许多国家的留学生。作为"校长"的国子监祭酒，全都是大学问家。王懿荣早年通过科举考试得了进士，曾在翰林院做过编修，在河南当过乡试考官。王懿荣一生喜爱收藏、研究、考证古代文物，并且偏重古代钱币、汉画像砖、瓦当、古籍善本等冷门。在他之前还没有专门收集研究、拓印传播汉画像砖的人。他自己的研究成果曾被后人汇集成册刊印，名为《王文敏公遗集》。全书共八卷，包括了诗文、各地方风土人情调查、文物考证等。他能发现"龙骨"的秘密绝非偶然。

王懿荣发现"龙骨"的不同寻常之后，赶紧又派人

甲骨文发现地标志

甲骨

殷墟

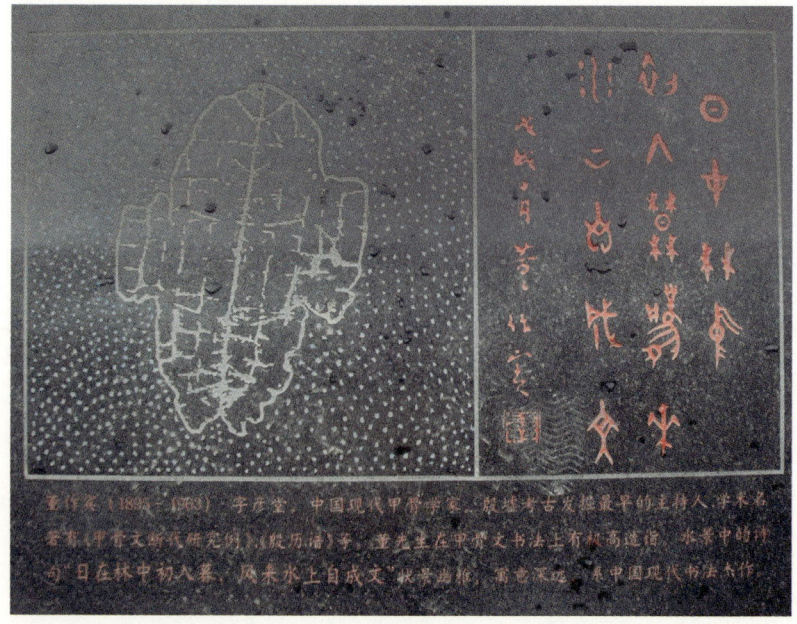

殷墟石刻

殷墟发现的商代古墓

殷墟博物馆内发现甲骨的土坑

去买了一些,并找来琉璃厂古玩铺的行家"掌眼"。为了深入研究,他又找来山东莱州府潍县古董商范维卿、赵执斋,以二两银子一片的高价购买甲骨。家贫时他就靠典卖衣物凑钱。他前后一共购得1500片。但可悲的是,他的收藏和研究刚刚小有所成,便在1900年含恨自杀。

王懿荣虽然属于文化人出身,但是有着强烈的爱国心和刚烈的性格,有着疆场杀敌的勇气。1894年中日甲午战争爆发,王懿荣多次上书朝廷提出作战计划,并主动请缨赶赴山东操办团练御敌。在清政府与日本签订了丧权辱国的《马关条约》时,他悲愤而不甘地写下了《偶感》一诗:"岂有雄心辄请缨?念家山破自魂惊。归来整旅虾夷散,五夜犹闻匣剑鸣。"1900年八国联军攻打北京,王懿荣本来想再次找朝廷请缨作战,可掌权的慈禧太后已带着皇亲国戚们逃跑了,使他报国无门。在联军攻陷京城后,不甘受辱的王懿荣服毒投井自杀。将中华文明向前推进数百年、中国学术史的功臣、古代文物的保护者,就这样含恨罹难。当时像王懿荣这样自杀和阵亡的清朝官员及家属有一千七百多人。

在王懿荣去世后,他所藏甲骨的一小部分赠给了天津新书学院,大部分则被他儿子王崇烈卖给了江苏镇江人刘鹗。刘鹗,字铁云,精通算学、乐律、金石,并因写出一部抨击时弊的长篇小说《老残游记》而闻名。他得到这些甲骨后十分震惊,又委托赵执斋、儿子刘大绅到河南、山东、陕西等地广为采购,最终收集到了洋洋五千片。在当时另一个金石学家罗振玉的鼓励下,光绪二十九年(1903年),他选出了共1058片拓印出拓片,编著了《铁云藏龟》六册。这是甲骨文第一次被汇集成书,并被断定为殷代文字。事隔不久,同治朝举人、金石学家孙诒让撰写出我国历史上第一部研究、考释甲骨文的著作《契文举例》。在他之后,成就更高的是大学者罗振玉。罗振玉曾任清朝学部二等谘议官、京师大学堂农科监督等职。他为进一步研究甲骨文,和弟弟子敬、振常四处重金收购甲骨,达到一万余

殷墟博物馆

片的天文数字,并编著了《殷墟书契》八卷和《三代吉金文存》一书。他推断出安阳小屯村就是殷商都城,甲骨是殷王室遗物。

在甲骨和甲骨文的价值被人们所认识后,古董商、英美的传教士、国外汉学家也开始高价收购,小屯地区的地主豪绅更是盗掘成风,致使大批甲骨失散,流失海外。在当时倒卖甲骨的外国人,最为活跃的是美国长老会传教士查尔方特。

在19世纪末,美国长老会在山东潍县建立了教会,查尔方特正是1908年被派到这里来的。当时,潍县是我国北方的一个古董生意聚散中心。查尔方特虽身为牧师,却全身心地投入了古董生意中。范维卿、赵执斋等甲骨行家都是潍县人,查尔斯特自然有近水楼台的优势。他不仅自己收存，而且一度成为西方各国收购甲骨的总代理，为英国博物馆、英国剑桥大学图书馆、美国芝加哥费尔德博物馆等机构广为收购。他一共在中国做了11年甲骨生意（个人收集了数千片），使得大量甲骨走进了西方的博物馆、图书馆中。

说起人类祖先所创造文字的情况，世界上还有一些民族早在四五千年以前就创造了文字，但它们都昙花一现，后来其民族所应用的文字与古老的文字没有必然联系。唯独我们祖先创造的甲骨文，被后代人继承、发扬、完善，进而产生了西周青铜铭文、秦汉帛书、简牍，乃至今日的楷书。中华文字文明几千年来一脉相传，甲骨文既是中华民族文化载体的渊源、鼻祖，也是世界历史文化中最独特的、最有研究价值的一部分，是世界历史文物中的极品。在近现代时期，我国有大批的仁人志士在认识了甲骨文的价值后，投入到了对它的研究、保护工作中。如王国维、董作宾、郭沫若、唐兰等。王国维还提出"二重证据法"，通过甲骨文的记载，加上对古代遗址的现场发掘，与古代文献印证、互补，进而证实还原历史的真实面貌。

但是直至今日，仍有大批甲骨文人们还未识别出来，仍需大批有志者继续学习研究。

附记：

在世界的甲骨文专家中，加拿大人传教士明义士是不能绕开的一位，他被称为研究中国甲骨文"西方第一人"。他生于1882年，出于对中国传统文化的热爱和追随在中国传教的未婚妻安妮，他主动申请到中国传教，并被教会派到河南，二人终于在开封成婚。1914年，他到河南安阳乡下游玩，发现田间的农民从地里挖出了大量白色的碎骨片，他走近前仔细观看，发现有的龟骨片上刻有文字。经过与农民交谈，他又了解到附近的一道沟壑中还有许多这样的甲骨，他又马不停蹄地跑到了沟壑中仔细查看，不经意间成为中国殷墟甲骨出土地点的发现者!

  传教的十年之间,他收集了约 5 万件甲骨。他在 1932 年被教会在山东开办的齐鲁大学聘为考古学教授。他把自己收藏的甲骨交给学校供老师和学生们研究、学习,并在学校内开办了一座古物博物馆,撰写了《甲骨研究》《考古学通论》等。可惜的是,1936 年他因处理一些事情不得不回到加拿大,并因"二战"爆发没能再回到中国。学校中保存的甲骨也被留守的一些加拿大同事运到加拿大。1957 年明义士去世,其生前一直呼吁把这批甲骨送回中国。1999 年,其子明明德(曾任加拿大驻中国大使,会说一口流利的河南话)把他的全部研究资料捐给了山东大学,以慰父亲的在天之灵。2017 年,加拿大多伦多大学童林福博士也把自己收集和研究的明义士的资料捐给了山东图书馆。

小贴士:

  甲骨上刻写的文字,内容较齐全的主要包括四个部分:在甲骨顶端或外侧,或刻或写有前辞,记录占卜时间和占卜人名;在中间部分则主要刻写命辞,记录占卜事项;一般在其下方是重要的占辞,记录占卜结果;在甲骨的底部则是验辞,事后说明占卜是否验证。

韩愈、苏轼
赋诗赞美的神秘石鼓

"冬十二月岁辛丑,我初从政见鲁叟。旧闻石鼓今见之,文字郁律蛟蛇走。细观初以指画肚,欲读嗟如钳在口。韩公好古生已迟,我今况又百年后!强寻偏旁推点画,时得一二遗八九……漂流百战偶然存,独立千载谁与友?上追轩颉相唯诺,下揖冰斯同鷇鶵……暴君纵欲穷人力,神物义不污秦垢。是时石鼓何处避?无乃天工令鬼守。"

上面几段诗文出自宋代大文豪苏轼所作《石鼓歌》,记录了他24岁时通过科举考试，被任命为大理评事、签书凤翔府判官，到任凤翔后在孔庙中，看到两千年前西周时期珍贵遗物——石鼓时的情景。诗词大义是：我在辛丑年（宋嘉祐六年，1061年）冬季十二月时当上地方官，到了当地先去孔庙祭拜。我终于亲眼见到了传说中的西周石鼓，上面所刻文字流畅婉转如龙蛇游动。仔细辨认文字内容，像古人用手指在肚子上写字一样模糊不清，想读出来又如鲠在喉。文坛前辈韩愈看到石鼓都曾自叹生得太迟，何况我今天又在韩公百年之后！努力试着寻找识别偏旁笔画，仍然仅能识别出十之一二。……石鼓历经无数次战乱，流离漂泊仍偶然幸存，数千年的历史长河中还有什么珍宝，可以与之同日而语、称兄道弟呢？细加探究，石鼓上的文字往上溯源，只有黄帝和仓颉初创的汉字与之相近，往下推

北京孔庙中陈列的乾隆石碑

北京孔庙乾隆石鼓之一

北京孔庙中的几件乾隆石鼓

故宫博物院展出的石鼓"吾车"

断秦国李斯的小篆可能由其发展而成。……秦始皇当年禁毁先代书籍文字，而此神物仍幸运地没有被污损；石鼓当时躲避到何处了呢，莫非真有上天和神灵守护？！

九百多年前，令苏轼感叹的石鼓到底为何物，后来的命运又怎样呢？

石鼓，质地为古老的岩石，外观雕刻成鼓形，一共10枚，颜色灰暗，高度从45厘米至90厘米不等，周长210厘米。每只石鼓侧面都刻写了大篆韵文约70字，原文共650字。现存石鼓中，第八鼓的文字已磨没了，其他也有缺字，只剩下300多字，韵文字体是极为罕见的大篆。文字整体章法齐正平实，古茂雄秀。唐代诗人韩愈称赞其字体："鸾翔凤翥众仙下，珊瑚碧树定枝柯。金绳铁索锁钮壮，古鼎跃水龙腾梭。"

石鼓的内容，古代文人们考据后认为是记叙了周宣王乘车去田野渔猎的经过。经历代文人的破解，每个石鼓上都刻写了一首古诗，依

故宫博物院内展出的石鼓

乾隆石鼓文字

石鼓——吾车刻石（故宫博物院提供）

据诗歌内容分别被命名为：汧沔、车工、田车、銮车、霝雨、作原、吴人、吾水、而师、马荐。石鼓雕刻的年代，自古就有争论，自唐至明清的许多金石大家，都认为是周宣王时所刻。现代史学大家、曾任故宫博物院院长的马衡先生认为是秦穆公时所刻。郭沫若认为是秦襄公时所刻，文字学家唐兰认为是秦献公时所刻。

石鼓最初于唐朝初期，在陕西宝鸡的陈仓山（现宝鸡渭滨区石鼓镇石鼓山）的荒野中发现。当时石鼓上已长满苔藓。这里曾是周朝国都的属地。石鼓发现后，立刻被文人特别是书法家们视为珍宝。虞世南、褚遂良、欧阳询都极力推崇，韩愈、杜甫、韦应物等都跑去观看，又都情不自禁地写诗赞美。陈仓山成为文人们争相拜谒的圣地。"安史之乱"时，唐肃宗李亨避难至此，命人把石鼓抬下山，供其与大臣们观赏、研读。但是好景不长，不久战火就燃到凤翔府，李亨与官吏们再次四处奔逃，石鼓只得又被重新掩埋于地下。

安史之乱平定后，韩愈向皇帝奏折，请求祭祀石鼓，把它陈列到皇家太学中，可惜没有被恩准。他感叹石鼓制作的艰难和经历的曲折："镌功勒成告万世，凿石作鼓隳嵯峨。从臣才艺咸第一，拣选撰刻留山阿。雨淋日炙野火燎，鬼物守护烦㧑呵。"当他见到石鼓时："嗟余好古生苦晚，对此涕泪双滂沱。"

还好，石鼓的命运在一百多年后终于出现转机。当时担任陕西凤翔府尹的郑馀庆也是大学问家，懂得石鼓这一古代遗珍的宝贵。他将石鼓收齐全，并移置到凤翔府孔庙中，供学子们研学。

唐朝结束后，我国北方进入了国土大分裂的五代十国时期。凤翔府孔庙被毁，石鼓再次失踪。直到宋代司马光的父亲司马池在凤翔做知县时，才又把石鼓找回存放在府学（官方学校）中。但是，此时却少了一枚。这失踪的一枚石鼓直到宋仁宗皇祐四年（1052年）才由金石大家向传师偶然在一客栈中发现，可这枚石鼓上半截已被凿成了农家舂谷子的臼。宋代的文人对石鼓十分珍惜，苏轼手抄了一套石鼓文。苏轼、苏辙、黄庭坚、梅尧臣等都作诗赋词赞美。大书法家黄庭坚称："石鼓文笔法圭璋特达，非后人所能赝作。"

北宋末年的皇帝宋徽宗是个大书法家，对石鼓更是情有独钟。他下诏把石鼓运到了京都开封，存放于国家最高学府国子监内。但是，他仍觉对其待遇不够高，也不能满足每日观看的心愿。他又下令把石鼓转存至皇宫的保和殿中，并命人用黄金填平石鼓的阴刻文字，以防拓损。可好景不长，北方女真族金国入侵攻破汴京，他们自然不会放过保和殿中的瑰宝，石鼓被女真人拉回到金国的中都城（现北京）。此时前人所捶拓的拓片也随之价格飞涨，十枚石鼓文的拓片卖到一锭黄金。由于燕京地处战略要地，在以后的战争中石鼓又是几经磨难。和平时期它们是文人朝拜的圣物、帝王的玩物，战时它们成为首当其冲的弃物。

从1211年到1215年，在草原上崛起的蒙古人，多次攻打金帝卫绍王完颜永济盘踞驻守的金中都城，并开展过惨烈的巷

作者临摹的石鼓文

战。待金帝逃跑守军投降后，金中都城遭到了较严重的破坏并被废弃。战乱期间，哪里还有人关心石鼓的安危啊。直到中都城被毁八十余年后的元代大德年间，文人们才想起它们，并从破落的府学中找到它们。"泥土草莱之中找出，洗刷扶植。"在元仁宗皇庆初年，人们用车把它们拉到了国子监孔庙中。

石鼓此后自元至清乾隆年间，四百六十多年间一直陈列在北京孔庙大成殿两侧。清乾隆55岁时，他在孔庙仔细观赏石鼓后，倍加赞美："此文此鼓，独焕然与日月争光，是三代法物之仅存者也。"他还题诗、书写两篇碑文，以示对石鼓的重视。为进一步保护好石鼓，他命人仿造了十枚石鼓陈列在此，供人们拓印观赏，石鼓原物则收藏进皇宫。乾隆在晚年时，还时常鉴赏研究石鼓并题诗《再题石鼓》："石鼓韩歌掘臼科，弗知其意所云何？兹因考古十之质，爰命图真一有窠。慨叹曾充舂杵用，伤形已阅岁年多。言行国学历珍弃，重道崇文功不磨。"诗中的乾隆竟然也爱上了"考古"。

抗日战争时期，为躲避日本鬼子的抢掠，国民党政府曾将石鼓运送到四川。抗战胜利后才运回故宫博物院，一直收藏至今。乾隆仿制石鼓和题文的两座石碑，至今仍保存在国子监孔庙中。可惜的是，元代、明代时期捶拓的最为精致的三套石鼓文拓片，却已流传到日本未归。

附记：

2012年6月，宝鸡石鼓镇又发现大型西周贵族墓地。当地石嘴头村民在建房挖地基时偶然挖掘到地下文物，立刻报告了当地文物部门。经考古人员组织发掘，出土了23件套包括鼎、禁、簋等极为珍贵的青铜器。这也从一个侧面证明当年这里出土西周石鼓的真实性。

两次出土的宝鼎
——大盂鼎、大克鼎

苏州，位于长江三角洲中部，河湖纵横，土地肥沃，"风土清嘉，人文彬蔚"，被人们称为人间天堂。清代时，这里出现许多世代为官的大家族。其中，潘氏家族就是典型的代表。清代乾隆年间，徽商后人潘世恩金榜题名高中状元，入朝为官几十年。其后，其孙潘祖荫又在咸丰二年科举考试高中探花，官至工部尚书。三代为官的潘家，不仅积累了大量财富，建造了精美的庄园，也保持了"重教兴文"的优良传统，收藏了大量的古籍、

大克鼎（上海博物馆藏）

两次出土的宝鼎——大盂鼎、大克鼎　29

大盂鼎铭文

大盂鼎（国家博物馆藏）

上海博物馆

金石古玩,成为名闻天下的收藏世家。潘祖荫晚年时,还在家中专门辟出一间房屋取名为"滂喜斋",陈放珍贵古籍;另辟一间房屋取名"攀古楼",专门陈设青铜器。而最为世人刮目相看的,是他刻有一方"宝藏第一"的收藏印。清咸丰年间,喜爱收藏的官吏、皇亲、富豪不计其数,潘祖荫为什么敢称第一呢?这还得从他收藏的两尊宝鼎——大盂鼎、大克鼎说起。

大盂鼎高102厘米,口径78.4厘米,重约一吨半,体量巨大,世间罕见。更为珍贵的是,宝鼎腹内壁上还刻有长达291字的长篇铭文。铭文是周康王二十年时,康王对鼎的主人盂的训诰和册命。其内容歌颂了西周初年周文王、周武王的功德,指出饮酒无度是商王朝灭亡的原因,并记述了周康王赏赐给盂1726个奴隶之事。这篇铭文因文字较多、书法精妙、史料价值珍贵,被当时的人们称为"周代金文之冠"。

这尊宝鼎并非传世珍宝,它是在清代道光初年由于陕西岐山礼村一带的河堤崩塌而偶然出土的。岐山是周王朝都城的属地，此鼎很可能是周代时因洪水、暴雨等自然灾害而埋入河底。宝鼎出土后被当地的富豪宋金鉴得到。当时的岐山县令周庚盛也得知了这个消息，他凭借着权势又将宝鼎据为己有。可他没高兴几年，宋金鉴进京赶考一举成功，被皇帝钦点为翰林。宋金鉴终于又以三千两白银和自己的身份为筹码，在北京赎回宝鼎，并将宝鼎运回岐山老家。可是宋家好景不长，家境日趋衰败，十几年后他的后代又将宝鼎从岐山运到西安贩卖，被当时任督师西北的左宗棠的大幕僚袁保恒用七百两白银购藏。袁保恒得到宝鼎后献与左宗棠。

左宗棠曾立下赫赫战功，他为表示战死沙场的决心，曾让部下抬着他的棺材一同出征。可就这样一位功臣，也遭到同僚弹劾和攻讦，险些被皇上治罪。多亏当时任工部尚书的潘祖荫连续二次上书力保才幸免于难。为感激搭救之恩，左宗棠将价值连城的宝鼎赠予潘祖荫。

大克鼎是清光绪十六年（1890年）在陕西扶风县法门寺任家村出土的，与之同时还出土了小克鼎、克钟等数十件青铜器。大克鼎同样是纹饰精美，鼎内也刻有两段铭文。宝鼎出土后为撰写《新元史》的文人柯劭忞购得，此事当时轰动一时。对古代青铜器疯狂痴迷的潘祖荫自然不会放过这个机会，立即出重金从柯氏手中全部购藏。宝鼎通高93.1厘米，口径75.6厘米，重200多公斤。潘祖荫购藏后，经过对鼎内积土、陈锈的清除，发现了长达290字铭文。铭文说明鼎的主人是西周的大贵族克，克在铭文中赞颂了他的祖先师华父辅佐周王的功绩，同时记述了周孝王对克的任命、赏赐土地、臣妾之事。潘祖荫因得到这两尊名震天下的宝鼎，也才敢称"宝藏第一"。

潘祖荫在世时，他的收藏得到较好的保护。当时也有大收藏家、任直隶总督的端方曾提出收购宝鼎，活跃在京城的外国文物贩子也提出用600两黄金和一幢房子作交换条件交换宝鼎，但都被潘祖荫一一回绝。不幸的

上海市区照片

苏州城门

苏州枫桥

是，潘祖荫没有后代，他去世后那些文物只好由他的弟弟潘祖年运回老家苏州。可潘祖年夫妇也没有子女，只好向同族亲戚讨了一个隔辈的男孩认定为潘家两兄弟的孙子。小男孩取名承镜，字蓉王，他成为潘氏家族唯一的继承人。可潘承镜自幼多病，十几岁刚结婚三个月就撒手人寰，只留下年仅十八岁的妻子丁达于。此后没几年，潘祖年夫妇也相继离开人世。维持潘家、保护文物的重担落在了年轻的丁达于身上。此时，潘家成了贼人们眼中的一块肥肉。丁达于为了保护家藏的文物，特地请了一位本分的摄影师把家中的青铜器一一拍照、立账，一共拍了380块玻璃底片，然后把文物全放在一间比较保险的私密的房间中。

　　自家的安全问题刚解决完，民族的灾难又波及到丁达于一家。1937年卢沟桥事变后，战火迅速向江南蔓延。别人家都早早地逃向南方，丁达于一家却迟迟不敢离去，她不甘心祖先留下来的国宝就那么轻而易举地落入日本人的手中。经过几夜的冥思苦想，丁达于想出了一个既实用简单又隐蔽巧妙的方法：将宝鼎重新埋入地下。她请了两个正直朴实的木匠做了两个大木箱，又请亲戚一起在潘家老宅内挖了两个大坑，将木箱沉入坑中，再把大盂鼎、大克鼎和一些小件青铜器放入箱内，然后回填上原土，铺好地砖，不留一丝痕迹。办完这一切后，她带上亲戚过继给她的女儿和儿子逃往乡下。

　　正如丁达于女士预测的那样，日寇一进城就扑向潘宅搜查宝鼎。为得到宝鼎日军先后7次闯入潘宅，连日寇司令官松井也追问宝鼎下落，可最终他们还是空手而归。宝鼎在地下安然度过八个春秋。几次日寇扫荡乡下，机智勇敢的丁达于女士都是躲在空棺材中逃过劫难。

　　1949年新中国诞生，丁达于一家终于有了安定的生活，丁达于女士也感到自己从心灵深处获得了解放。1951年，当住在上海的丁达于从报纸上看到国家要建博物馆时，就马上给上海文物管理委员会写信，表示愿将国宝大盂鼎、大克鼎捐献给国家。随后在女儿和市政府干部的陪同下，回到苏州潘家老宅将宝鼎挖出，两尊宝鼎这才第二次重见天日。为了表彰丁达于女士的义举，1951年10月9日，上海市政府专门举行颁奖大会，由华东军政委员会文化部唐弢主持会议，陈望道部长颁发奖金、奖状。丁达于成为上海市第一位因捐赠文物受政府表彰的人。正是在这个会上，丁达于女士正式宣布更姓为潘，改名潘达于，因为宝鼎是潘家的，只有潘姓之人才有权捐赠。

在20世纪50年代至60年代，潘达于女士又分几批把家中保存的古代字画捐献给国家，前后共400多件。而她最初捐献文物得到的2000元奖金，也在抗美援朝时捐献给国家。现在，大克鼎陈列于中国国家博物馆，大盂鼎则成为上海博物馆的镇馆之宝。1996年10月12日，位于上海市中心地段人民广场的上海博物馆新馆落成开放，潘达于老人也应邀参加了典礼。

附记：

上海博物馆有许多国宝级文物都是上海和江浙一带的收藏家捐赠的，笔者借此机会介绍几件感人的事例，立此存照。

1. 李荫轩先生的捐赠

据上海博物馆新馆第一任馆长、青铜器专家马承源介绍：上海博物馆是1950年开始筹建的，可以说是白手起家。筹建期间的第一宗藏品，是陈毅元帅在硝烟弥漫的战争环境里命令部队收集的2853件文物。早在抗日战争时期，陈老总专门委派当时任新四军敌工部副部长的李亚农负责文物征集工作，将战士们挖战壕时挖出的文物及从民间收集的文物集中起来。这些文物后来装了满满两大车，随部队征战而东迁西徙，直到最后来到了上海。

新中国成立不久，大家不了解新中国的文物政策，为博物馆的文物征集工作带来许多困难。这时，陈毅元帅针对上海的实际情况，对文物管理工作给出四点明确指示："一要把好海关这一关；二要收购文物必须买卖公平；三要对热爱祖国、热爱党的民主人士主动捐献文物者应发奖状和奖金；四要注意收集古代文物之外，还要注意收集革命文物。"博物馆根据这些指示，与许多收藏家交上了朋友。目前上海博物馆近五分之一的藏品来自收藏家，总数已达10万余件。

李鸿章的孙子李荫轩先生在新中国成立后居住上海，一直低调地收购收藏古代青铜器。马承源先生和博物馆的业务人员通过多种渠道主动与之交上朋友，并将这种友谊保持了许多年。

到了"文化大革命"来临时，李荫轩先生忽然给博物馆打去电话，表示愿意将自己收藏的文物捐献给博物馆，并请立即派人来。博物馆的业务人员火速赶到他家。李荫轩满脸木然，看到博物馆的人员到了眼含泪水。在他家地上摊着100多件青铜器，其中极为重要的、流传有序的珍品有数十件，如记载周成王时平定商纣王之子武庚叛乱事件的小臣单觯、记载周康王时明公率领鲁侯参加伐东夷战争的鲁侯尊等。但在当时特殊情况下的捐赠，博物馆不能接受，不能趁火打劫坑害朋友，只说明为其代为保管。当时就编写了代管的明细清单，郑重地交给了李先生。并建议李荫轩把自己的那些藏书也捐赠或存放在博物馆，临别时候李先生一直将博物馆人员送至大门口。

到了20世纪80年代后期，中国国内开始普遍落实政策，李先生的夫人邱辉女士突然来到博物馆，告知李荫轩先生已在"文革"期间病故。家里的房子被没收了，自己现住在草坪边的一间小屋里。她说：李先生在临终时郑重地考虑过他收藏的青铜器，嘱托若有归还之日，除了保留几件一般作品作为家中纪念之外，其余都捐献给上海博物馆。此事也征得了他公

苏州虎丘剑池

苏州园林

子的同意,她这次到博物馆来就是要实现李先生的遗愿。邱辉女士在整个复杂烦琐的捐赠过程中,没有提出任何要求。

2. 顾氏家族捐赠"过云楼"珍藏

上海博物馆还保存了中国藏书史上可以重书一笔的"过云楼"藏书。过云楼,是清代苏州顾文彬珍藏书画的秘室。顾文彬(1811—1889),清代道光年间进士,曾官至浙江宁绍道台。他平生喜爱书画,还精于鉴赏,曾广泛搜罗书画名迹,名噪一时。他编著的《过云楼藏画记》一书,收录自己珍藏的246件书画,体例严谨,内容翔实,十分难得。更为难得的是,顾家后代亦精于书画鉴赏,他的儿子顾承之、孙子顾麟士在书画鉴赏方面均有高深的造诣,亦广泛搜求书画名迹,使过云楼的收藏更为丰富,顾麟士还曾著有《过云楼续书画记》六卷,补录家藏书画114件。这两本书收录的只是顾氏家藏的纸本书画,绢本、宋缂丝、单条、扇面及闺阁之作均未收入,可以想见当年顾家书画收藏之丰富,其价值也难以估量。

1930年顾麟士不幸辞世,其子顾公雄和妻子沈同樾开始守护祖先留存下来的书画。当时正值多难之秋,他们二老为使这批书画不致散失付出了艰辛的努力。在抗战开始后不久,顾公雄感到形势紧迫,为使这些家传书画免于战火,最先是将之转移至城西太湖旁龟山上的光福寺内保存。不久苏州沦陷了,他觉得光福寺也不安全,便决定将它们秘密转移到上海。虽然苏州与上海相距不远,但这时日伪军盘查得非常严,怎么能平安地将它们运抵上海呢,大家想了一个好主意——将它们藏在一般人不太注意的车座底下。就这样,这批书画得以安全转移到上海的租界里,并平安地度过了八年的战争岁月。1951年顾公雄临终时,一再叮嘱妻子和子女五人要将顾家四代相传的书画捐献给国家,充分发挥文物的作用,更好地为社会主义文化事业做出贡献。遵照他的遗愿,在1951年、1959年和1964年,顾氏一家人分三次将家藏的393件宋代以来的书画全部捐赠给国家,收藏在上海博物馆。当时中央文化部和上海市政府还专门为此召开大会，给他们发了褒奖状和奖金。沈同樾还拿出一部分奖金捐给了集体福利事业。

有一年春节，上海博物馆的工作人员来到沈同樾家拜年，期间谈及他们从废铜中抢救青铜器的事。老太太一听，忽然想起家里还收藏有两件青铜器，一件是西周时期的保祖辛鼎，一件是春秋时期的子璋钟，当即表示要找出来捐献给国家。隔了几天，沈同樾女士专程到上海把这两件铜器捐献给了上海博物馆。当时上海博物馆考虑到她晚年经济并不富裕，计划作价收购，给她一笔钱。沈同樾女士不仅当即拒绝，回到家后，还让子女专门给上海博物馆的领导写了一封信，表示："你馆有收购之意，此事实出意外，希望二位馆长考虑我合家心愿，收回成命，仍作捐献，并希望勿作任何奖励的形式。"

3. 李伟先先生捐赠"红色"钱币

李伟先先生是上海著名的钱币收藏家，特别是他在1949年前冒着生命危险搜集了各个苏区和解放区发行的钱币，品种齐全、系统，连陈老总参观完后都说有些他都没有见过。1962年，李伟先先生看到举办的"历代钱币展览"展出的钱币不够系统后，便于第二年将他所收藏的2356枚钱币捐赠给国家。

4. 慷慨捐赠的群体

在上海博物馆的发展中，周锐、王南屏、胡惠春、范季融、徐展堂、朱仁明、杜维善等旅居海外的文物收藏家也给予了巨大的帮助，有的甚至将流失海外的文物征集后再捐献给上海博物馆。1990年，马承源馆长和汪庆正先生来到香港，旅居美国的收藏家范季融先生陪他们到香港荷里活道的古玩市场游览。突然，马承源在一家古玩店橱窗里看到一件青铜器。他们请老板将铜器拿下来，仔细端详发现它是新出土的，鼎内壁有铭文的痕迹，由于有土锈掩盖不易看清，但是有"晋侯"二字，有关晋侯的青铜文物国内尚未发现。当时老板出价 10 万元港币,马先生拦腰砍了一刀答应只给 5 万元,经一番讨价还价最后以 6 万元港币成交。这个价很便宜,但是对于上海博物馆来讲仍然是一笔巨款。马馆长和江庆正先生身边也没有这么多钱,便对旁边的范季融先生说:"我认为这件铜器可能有史料价值,应该尽量让它保存下来,不能让它流出海外。"范先生是著名的收藏家,如果他能购置,就不会被外国人买走。没想到,范先生马上掏出信用卡将它买下来,并郑重地向马馆长他们表示:这件铜鼎我要将它赠送给上海博物馆。过了几天,这件铜鼎被送回上海,经过一番除锈,竟然在鼎上发现了 57 字的铭文,内容是关于西周时期晋侯击退匈奴的一次战争。这一史料不见于任何文献记载,具有重要的历史价值。范季融先生捐赠的这件铜鼎,后来被确定为国家一级文物。

1997 年 6 月 11 日,香港实业家叶肇夫夫妇把他们高价购买的春秋时期子仲姜青铜盘捐献给上海博物馆。这件春秋青铜盘上有 30 余字铭文,盘中还铸有 10 余只立于盘中可以 360 度旋转活动的鸟、蛙等水生动物,造型为目前仅见,被专家们认定为国宝级文物。它是叶先生 1994 年斥资 3750 余万元港币从香港古玩市场上购买的。当年,在国家文物局特派专员穆星星的牵线下,马承源先生 1994 年与叶先生相识,并第一次见到此盘。他激动地说道:"如果我在国外博物馆看到此盘的话,就不只是流泪,而是吐血。"他当天晚上即为此盘撰写了《跋子仲姜盘》,文中提到:"子仲姜盘的发现,对于春秋早期青铜器的研究,提供了极其重要的实物例证。无疑为青铜器中的特级品。"鉴于叶肇夫热爱文物收藏,马承源先生还收其为徒。上海博物馆开馆时,马承源先生提出向叶肇夫借展此盘,没想到叶肇夫夫妇慷慨地捐献出此盘。其实,这件宝盘已被我国驻外机构追踪了九年。

2004 年,马承源先生因多种原因跳楼自杀,一代巨匠溘然长逝。

废品站捡回碎片拼成的
镇馆之宝——班簋

位于中华第一街"十里长街"的首都博物馆,由于地理位置和展厅的优势(博物馆一层有巨大的临时展厅),多年来精品展览纷呈。全国各省市为了在首都宣传自己的形象,都在此举办反映本地文化风情的大型展览,常常是文物精品荟萃,观众摩肩接踵。

其实,首都博物馆自己收藏的文物也十分具有特色,其中最具特色和富有传奇色彩的是馆藏古代青铜器。该馆收藏的青铜器一部分是近几十年从北京地下"挖"出来的。包括造型精美的伯矩鬲；刻有"燕"字，证明北京市房山区琉璃河镇董家林村曾是西周燕国都城的堇鼎，还有一部分是"文化大革命"期间从废品站"捡"回来的。这其中就包含有镇馆之宝的"班簋"。

班簋高22.5厘米，口径25.7厘米，圆腹，腹部外侧有四个半环形兽首耳，并连接着四个内卷象鼻形足，通体有精美的兽面纹饰。最难得的是器内有198个字的铭文。铭文中有"班拜稽首""班非敢抑，惟乍邵考爽曰大政。子子孙孙多世其永宝"之句。从铭文中可以得知它的主人是三千多年前周穆王时的贵族毛公班。铭文记录了他受周王册封和他父亲随周王苦战三年平定东国之乱的功绩。他铸造此重器，是为了让家族的子子孙孙永远记住祖先这段光辉的历史。

青铜簋，最初是我国商周时期贵族盛放食品的器物，后来演变为重要的青铜礼器。商周时期王公贵族们有重大庆典时都要铸鼎、簋等礼器来铭记。我国自古就讲究礼仪，天子在大型祭祀和宴乐中杀猪宰牛，用九鼎八簋盛放肉食献给祖先、神灵，大宴群臣。按规定诸侯七鼎六簋、卿大夫五鼎四簋。可以说，班簋自一诞生就身世高贵，为祭祀专用的重器。按周代的丧葬习俗，它应在几千年前最终成了毛公班的随葬品。

根据记载，班簋在北宋时期就已出土面世，并一直被收藏在各朝代的皇宫中。清嘉庆年间的大学问家严可均在其所编辑的《全上古三代秦汉六朝文》中，就收录了班簋铭文。说到严可均，其人还有一段小插曲。清嘉庆年间，作为国家文化工程，开始编辑《全唐文》。当时的有名之士都被邀请参加编写，但是严可均却未被列入。他为向世人展示其才华，竟独自发奋编写了共十五卷的《全上古三代秦汉六朝文》，此书收录了自商周以后至唐代以前3497人的文章，每位作者还都附有小传，可谓鸿篇巨制！

班簋在清乾隆年间已是皇宫的"重器"，并得到乾隆的喜爱。在清皇家

班簋（首都博物馆提供）

编辑的图录《西清图鉴》的第十三卷中，也有它的图型和铭文。班簋在清皇宫中的尊贵生活可惜并没有延续很长时间。1900年八国联军侵入北京，慈禧老太后逃向西安，宫中的宝物一部分成为侵略者的囊中之物，一部分为跟随来浑水摸鱼的土匪蟊贼偷抢。班簋正是在此次劫难中被盗出皇宫。在此后的七十年间，班簋一直"大隐"于北京的"尘世"中。可能是它的主人也知道这是宫中重宝而"秘不示人"，可是到了"文化大革命"期间，班簋的命运又一次发生重大的转变。

"文化大革命"期间，许多古代书画、瓷器、铜器、古籍被送到废品站、造纸厂、炼铜厂。为了抢救和保护古代文物，由北京市文物考古工作人员组成的"文物清理拣选小组"，当时就常年在废品堆中每天"寻宝""拣宝"。据1970年12月30日文物清理拣选小组的统计，该小组拣选文物538500余件，字画185300余件，图书2357000册，从废品站中拣选图书314吨，青铜文物85吨。另据1981年的统计，从1971—1981年在废品站拣选到的珍贵青铜文物就达59件，班簋就是其中最珍贵的一件。

1998年的夏天，为了解班簋的流传和拣选经历，笔者多次前往位于北京市朝阳区延静里的北京市文物局宿舍楼，当时文物部门的几位专家和参与拣选的工作人员都住在那里。他们兴高采烈地给我讲述了那一段传奇的、在他们个人生命中十分重要的经历。

1972年夏季的一天，文物清理拣选小组的呼玉衡、华以武师徒二人又来到北京有色金属供应站，开始了日复一日地从金属废品堆中拣选文物的工作。呼师傅那时年岁已高，就先让华以武一个人先进废铜堆中扒拉、翻腾。快到中午时，华以武猛然间看到了一件裹泥带锈被砸扁的、极不完整的青铜残器。"师傅，我发现宝贝了！"华以武一边喊一边抱出来"宝贝"让师傅"掌眼"。呼玉衡先生解放前也在琉璃厂从事文物经营。早年时由于本小利薄，只是到京城的一些败落的富裕人家去"收货"，或是到一些小店小摊去捡漏，货物到手后再转卖给有实力的古玩店、收藏家，大多时候收到货物还要先赊账。这种"行脚商人"在旧社会古玩行称之为"包袱斋"。但是，这些商人那才真是靠信誉和眼力吃饭！呼师傅经过仔细查看纹饰和一部分铭文，凭借多年经验，已初步认定它应该是古代的重要青铜器。师徒二人又仔细寻找到其他一些相似的碎片，并立刻把它们包好带回到清理拣选小组的办公地——北京市东城区府学胡同36号（此后成立的北京文物局一直在此办公）。当时，我国著名的青铜鉴定专家程长新先生也在这个小组内。程长新在1949年前同样在琉璃厂经营古董生意，他的长辈开了一间大规模的古董店，他自幼见多识广练出"火眼金睛"。经过程长新的仔细赏析、鉴定，初步认定它是一件有铭文的西周时期青铜器，这种青铜器历朝历代都是价值连城的珍宝。从器物的"伤口"上看，明显是新近被打碎的。但是，现有残片又不能拼出完整的器形。程长新又急忙与呼玉衡先生一起返回废品收购站，再次将废品堆"过了一遍筛子"，又找到了几块碎片。经过他们仔细对接、辨认铭文，终于确定这件宝物就是清宫内藏——班簋。此事一经公布立刻引起了学术界的震惊，金石学大家郭沫若先生也特意前来亲自上手鉴定。经过进一步的确认后，郭沫若先生激动地写了《班簋的再生》一文。在他以前撰写的著作《两周金文辞大系》中曾收录了班簋，可惜与之从未谋面。后来，我国的另一位青铜专家李学勤先生在仔细品鉴后，也撰写了大作《班簋续考》。

1973年夏季，为了重现班簋的完整原貌，班簋又一次被请进皇宫，送到故宫博物院文物修复厂修复。厂长蔡瑞芬将任务交给了经验丰富的赵振茂先生。赵先生经过整形、翻模补配、修补、对接纹饰、跳焊焊接、钢錾雕刻、做旧等多道独门工艺程序，终将班簋复原。尊贵、典雅的班簋在修复后，最终入藏到首都博物馆。

2005年，为了能让世人在即将开放的首都博物馆新馆一览班簋曾经的风采，博物馆又请来了文物修复世家传人、文物修复专家贾文熙先生做了进一步修复。此次贾先生则使上了超声波洁牙机等高科技设备为班簋清理"有害锈"（青铜器上的铜锈在适合的温湿度下可以不断生长侵蚀铜器，并相互传染），再用锌粉修补，班簋最终在首都博物馆的专题展览中，被安置在独立的恒湿恒温展柜中惊艳亮相。

两次被当作"水槽子"的国宝
——虢季子白盘

中国历史,从公元前 4000 年左右到公元初年这一时期,被称为青铜时代。这一时期我们的祖先不再使用打磨石器,开始冶炼和大量使用熔点较低的金属铜,那时,更为坚硬的铁器还没有发明。而中国的青铜器,被全世界公认为工艺最高超、艺术最精美。许多青铜器上的花纹几乎细如发丝,有的还有镂空花纹和镶嵌入铜体内的金丝银线。工匠们先用蜂蜡铸刻出各种器物,再用泥巴填充内芯和敷裹成外范,其后高温烧烤使蜂蜡流出,泥范成为坚固的陶范，最后再浇入熔化的铜液，冷却后打碎陶范倒出泥芯，一件青铜器就成形诞生了。当时，青铜被当作生产工具、武器，以及贵族们的殿堂陈设、祭祀用礼器、赏赐礼品和生活用品，包括食用工具和水器。在中国现存的青铜水器中，最大的一件是国家博物馆收藏展出的虢季子白盘。

虢季子白盘呈长方形，长137厘米，高39厘米，宽83.7厘米，重225公斤，四壁各有两兽首衔环耳，矩形短足平底。宝盘造型质朴实用，纹饰粗犷豪放、色泽斑斓，更为珍贵的是盘内铭刻着长达111字的诗文。

西周时期，周王将国家的土地分封给了许多亲属、功臣，这些贵族又在封地建立了一个个大小不一的"国家"。在今天陕西宝鸡地区当时有一个小国被称为虢国。公元前816年，周宣王姬静为奖励虢国的四公子"白"与北方游牧部落猃狁（又名犬戎，匈奴的祖先）作战大获全胜，特意制作了这一巨盘赐予白。西周时一家人同辈按伯、仲、叔、季来排行，季是第四子。

盘中诗文表明，白率领部队在战役中，杀敌五百人，俘虏五十人。在国庙中，周宣王接受他敬献俘虏，赐予他马匹和武器、征伐军权，大摆宴席犒赏三军，并给予他最高的荣誉，赏赐青铜巨盘，祝他"子子孙孙，万年无疆"。

盘中诗文风格似开《诗经》中雅、颂之先河，字体为大篆（后人又称这一时期铸在青铜器的文字为金文），精美华丽。诗文通篇匀称、整齐，每一字又笔画流畅、灵动，笔锋圆润，如同毛笔书写其上。许多书法家都视其为临摹的范本，认为其为现有金文中审美价值最高者。

虢季子白盘在地下安睡了两千六百多年，在清代道光年间偶然被当地农民挖掘出来。他们没有意识到这是一件国宝，本着实用的原则，把它当作了喂马的水槽子使用。

终于有一天，在这里的眉县担任县令的常州阳湖人徐燮钧，下乡巡察时看到了这个大铜盘。他仔细辨认后确定，这是稀世之宝，便利用职权据为己有，并在卸任时，将宝盘带回了常州老家，一直珍藏在家中。

咸丰三年（1853年），常州被太平军占领，驻守常州的太平天国护王陈坤书，从徐家后人那里夺到宝盘。不知是为泄愤，还是藐视权贵和金钱，虢季子白盘又被他当作了喂马的水槽子。可没过四年，清廷依靠洋人攻克了常州，陈坤书被俘后就义。淮军将领刘铭传住进了护王府。

正如那句老话：是金子总会发光的。有一天，刘铭传正在秉烛夜谈，寂静的院落里传来了金属撞击之声，对此种声音异常敏感的刘铭传提剑循声来到了马厩，发现铿锵之声为战马的铁质辔头与马槽子相碰而出。刘铭传用剑刮去马槽子上的泥土，仔细察看，感觉非同一般。其体量硕大、纹饰精美、重不可举，四壁均有两组兽首衔环。刘铭传手下有不少见多识广学问深厚的谋士，经过众人仔细辨识，一代重器虢季子白盘又恢复了尊贵的身份和待遇。

刘铭传得到宝盘后，马上将它运回了老家安徽合肥西刘老圩村的私宅潜山房内（现安徽肥西县南分路乡）。为了保护宝盘，他特地建造了一座取名"盘亭"的古亭，收藏宝盘。他还兴奋地撰写了《盘亭小记》一文记录此事，亭柱上悬挂起亲手所书"盘称国宝，亭护家珍"的对联。他还拓印多份宝盘的铭文，赠送好友和达官贵人。这期间，曾任军机大臣、同治和光绪两帝老师的翁同龢向他索要，翁同龢也是一位痴迷古董和书法的大收藏家。刘铭传不敢贸然得罪翁氏，就通过李鸿章向慈禧求情，最终保住宝盘未出家门。

宝盘此后一直在刘家收藏数十年。在这期间，北洋军阀、国民党、日寇都曾觊觎此珍宝，来他家寻访、上门搜索，但是，却始终未见其真容。原来刘氏后人把宝盘深埋于地下，以避战乱。直到1949年后，国家太平

虢季子白盘

了,刘氏后代刘肃先生于1950年1月19日带领家人开启封土,主动将宝盘挖掘出来捐献给了国家。

刘肃先生献宝进京时,国务院副总理董必武特为宝盘题词:"国宝归国,可庆可贺"。考古大家郭沫若写诗赞扬:"虢盘献公家,归诸天下有。独乐易众乐,宝传永不朽。省却常操心,为之几折首。卓卓刘君名,传诵妇孺口。可贺孰逾此,寿君一杯酒。"

附记:

在虢季子白盘出土以后,其出土所在地眉县又不断有西周、战国时期珍贵文物出土。2003年,在眉县马家镇杨家村,农民盖房挖土时,又发掘出一组窖藏青铜器,考古专家最终发掘出共27件青铜器,被评为2003年全国十大考古新发现。

刘铭传在1885年赴台湾任巡抚,大力发展洋务,推进社会现代化建设,被后人赞为台湾近代化之父。如今刘铭传故居完成修缮,室内陈设按照当年布局复原,周边整治后开辟为4A级景区,接待八方宾客。

天下第一的青铜重器
——毛公鼎

　　毛公鼎是我国西周青铜器中的"一代重器"。它高53.8厘米，口径49.9厘米，腹呈圆球状，三条蹄形足，造型古朴沉稳。其最珍贵之处还在于鼎内刻有497字的铭文，是现今存世青铜器中铭文字数最多、字体最优美的一件。铭文字体典雅，具有教科书式的形制。近现代著名教育家、书法家李瑞清在毛公鼎拓片题跋中写道："毛公鼎为周庙堂文字，其文则尚书也。学书不学毛公鼎，犹儒生不读尚书也。"

毛公鼎于清代道光三十年（1850年）在周朝的发祥地陕西岐山出土。它出土后由当时著名金石专家陈介祺在咸丰二年（1852年）从北京琉璃厂古董商手中用重金购得。

陈介祺当时官至翰林院编修，在清代"文字狱"的高压政策之下，他像那时的许多汉族文人、官吏一样，醉心考据学、古文字学，倾心于古董的收藏和研究。其收藏超万件，著述十余种。陈介祺早年曾跟随做官的父亲在北京居住，他父亲陈官俊，曾任皇子的老师，宦海中几经沉浮。陈介祺在官场上，既受其父荫护也受其父牵连。在他父亲去世五年后，四十一岁的陈介祺彻底厌烦了官场，辞官回到故乡山东潍坊潜心做学问。他在自家院中盖起了"万印楼"，存放古董、古籍。

陈介祺在购得毛公鼎之后一直秘不示人，只是捶拓铭文高价出售。毛公鼎铭文为周宣王给他的大臣毛公的一篇册命公文，记载了周王令他治理城邦之事，历史价值、研究价值极高。加之铭文字形精美，可为金文典范，当时许多金石专家、收藏家都争相购买拓片。历史学家屈万里曾指出："是其史料价值尤在今本尚书周诰之上也。"著名学者郭沫若也在深入研究后撰写了专著《毛公鼎之年代》。1989年中国美术馆还曾举办过拓片展，该拓片更是轰动一时。

清朝末年，陈介祺病故后，其后人开始变卖他的"海量"收藏品。毛公鼎现身于市面后，被时任两江总督的大收藏家端方得到。端方可谓是清末民间文物收藏第一人，藏有大量青铜器、石刻、碑帖、古印等，他游历埃及时还购买过古埃及文物。其生前著有《陶斋吉金录》八卷、《陶斋藏石记》四十四卷、《陶斋藏砖记》两卷、《陶斋藏印》一卷，自己还曾在琉璃厂办过陶斋博物馆。张謇创建南通博物院时，他也曾捐赠大量文物以示支持。

历史有时十分吊诡。体贴下属、思想开明的端方，1911年竟被自己的

天下第一的青铜重器——毛公鼎 51

毛公鼎正面图

毛公鼎俯视图

部下所杀。当时，临时受清政府所派，任川汉粤汉铁路督办的端方，带三千新军从湖北去四川成都镇压保路运动。走到四川资州时武昌发生起义，军饷和补给迟迟不能兑现，而四川方面答应从自贡运来的军饷也久久不见踪影。生活艰难且早已不愿为清政府卖命的低级将领和士兵们，受到武昌和成都起义的影响揭竿而起，毫不留情地杀死了端方和他同在军中的弟弟。端方也成为辛亥革命中被起义军杀死的第一位高级军官。其实，端方已有起义之心，只是为人首鼠两端、优柔寡断，总想再观望观望。

端方被杀后家道遽然中落，后人不断卖出文物以补贴家用。美国古董商福开森就曾为纽约大都会博物馆代为购买过端方旧藏的二十余件青铜器。到了20世纪30年代，端方家中的镇宅之宝毛公鼎先是抵押给银行，后又无钱赎回，宝鼎再次流落于市面。当时许多外国古董商闻讯立刻蜂拥至中国，争购此鼎。而国内的爱国商人、仁人志士更是团结一致，誓保国宝。最后由曾任交通银行经理、民国政府铁道部部长的叶恭绰、富豪冯恕（1905年创办了京师华商电灯股份有限公司）、郑洪年三人集资五万元购得此鼎，保存在上海。可是，好景不长，卢沟桥事变爆发，侵华日军大举南下。叶恭绰逃离上海，把毛公鼎秘藏于英租界内英商美艺公司仓库中。可消息不幸泄露，日本宪兵队在一天深夜伙同日本浪人把宝鼎劫到了宪兵队总部。已身在香港的叶恭绰得知此事心急如焚，不得不四处送礼、求人，最后通过汉奸汪精卫、陈公博等，用了两个月的时间才又将宝鼎"买"了回来。可因救宝鼎时所耗巨资均为向交通银行借贷，宝鼎不得不抵押给银行。为重得宝鼎，叶恭绰忍痛将自己收藏的明朝宣德炉等二百余件文物出售，得款后再次从银行中赎出宝鼎。但是，侵华日军并未放弃对宝鼎的野心，他们再次对叶恭绰威胁诱骗，美国古董商也来找叶恭绰想染指此事，国民党政府也派戴笠索要此国宝。叶恭绰深感自己势单力孤，在戴笠答应了他"宝鼎归属国家，绝不再出国境"的条件后，把宝鼎交给了国民党政府。宝鼎后来被国民党携带到台湾，保存陈列在台北故宫博物院，成为台湾同胞思念祖国统一、心系中华文明的实物寄托。

1949年新中国成立后，叶恭绰先生从香港回到大陆任中国文史馆馆长，他经常惋惜地说："那时如果没有把毛公鼎献给南京政府，现在把它献给毛主席该多好呀。"台北故宫博物院院长蒋复璁先生曾在86岁高龄时意味深长地讲道，宝鼎总会"最终回归大陆"，表达出了海峡两岸炎黄子孙的共同心愿。

塔毁佛牙现，
灵光千古传

《增广贤文》有云："世间好语书说尽，天下名山僧占多。"文化古都北京，"左环沧海，右拥太行，北枕居庸，南襟河济"，位于京西石景山区和海淀区的小西山，为太行余脉，山势低矮，林木茂密，泉眼密布，自古就成为出家修行之人的首选之地。京城佛教圣地"八大处"（相聚在一条山谷间的八座寺院），就是其中最具传奇的一处。

人们游览八大处时，离很远就可看见一座高耸的佛塔，于山腰的密林中横空出世。此塔名为招仙塔，又称作佛牙舍利塔，建在八大处的二处灵光寺中。它是在周恩来总理特批下，于1958年始建，1964年建成。在国家还处于百废待兴的贫困时期，在当时还是人烟稀少的深山中，耗巨资建造这样一座高达51米、流光溢彩的八角佛塔，其背后有着极为特殊的原因，下定了很大的决心，也显示国家领袖特有的魄力！

京西石景山模式口一带小西山，在二三百万年前第四纪冰川的作用下，山势奇峻，水源丰沛，山谷中多处可见冰川擦痕遗迹。而八大处所处的翠微山，更是松柏挺拔茂密，清泉与溪流瀑布相接。自隋代时起，这里就开始兴建寺院和僧人墓地。到了佛教盛行的辽代，更是成为皇家寺院和皇亲贵胄夏季避暑的首选之地，辽道宗皇帝还下令这一区域禁猎、禁杀生，使之成为京师中难得的一方净土。

辽咸雍七年（1071年），经过五百余年的营造与打磨、五百余年的积蓄与沉淀，这一佛教圣地终于迎来了辉煌时刻。辽丞相耶律仁先的母亲是一位虔诚的佛教徒，她在此避暑时被此处秀美的风光、恢宏的殿宇、浓郁的佛教氛围所感染，发宏愿捐巨资在此修建一座佛塔。佛塔名为招仙塔，青砖砌筑，平面呈八角形，共13层，塔顶有承露盘，塔的每块砖上都刻有佛像、经文、塔形等，因而也被俗称画像千佛塔。这在当时是十分奢华的建筑。可此塔更为尊贵的是，根据辽道宗皇帝的旨意，还将异常珍贵、在中国流传近千年、一直由皇家保管的一颗释迦牟尼佛牙舍利入藏于塔基下的地宫中。

佛牙舍利，在佛教界是最高级别的圣物！佛祖释迦牟尼涅槃后只留下两颗佛牙舍利，一颗向南渡海供奉于斯里兰卡的佛教圣城康提古城的佛牙寺中，另一颗就是这深藏于招仙塔地宫中。而且，它能来到京城也历经曲折辗转，似有天意安排。

根据佛典记载，这颗佛牙先是向西留传到了巴基斯坦一带，这一区域历史上有众多小国，全都信奉佛教。在公元3世纪，又辗转到新疆和田，

八大处秘佛崖

八大处招仙塔塔基

招仙塔塔基

塔毁佛牙现，灵光千古传 57

八大处灵光宝塔

八大处佛塔

于阗古国所在地。

南北朝时，东晋佛教高僧法显在65岁高龄时，感到中原地区的佛经翻译不准，于隆安三年(399年)决定西行天竺去取真经。他与多名弟子沿古丝绸之路西行，穿戈壁，翻葱岭，绕道巴基斯坦、阿富汗到达印度北部的佛教起源地，并长住三年学习梵文、抄写佛经，游历佛祖曾施法的重要遗迹，包括孟加拉湾中的岛国斯里兰卡。公元411年，法显乘船从海上丝绸之路穿马六甲海峡至东海，直到山东青州上岸东归。晚年时，法显倾力翻译原版佛经，并撰写《佛国记》一书，记录自己的西行之旅。他去世五年后，又有一位中原地区的高僧智猛法师西行到达天竺。这两位前辈追求佛法真谛的壮举，法显的书籍和智猛在建康钟山定林寺的现身说法，深深震撼了一位16岁少年的心，他就是刚刚在定林寺出家的小和尚法献。"一苇渡江"禅宗祖师达摩曾在此寺院宣讲佛法。年轻气盛的法献发誓要向前辈学习，西行天竺去取真经、瞻仰圣地。在与智猛的常年频繁接触中，他越发坚定了自己信念。公元475年，经过几十年的苦读修炼，52岁的法献终于下决心起程西行。他沿青海、甘肃、四川的古商道西行，跨越了当时的吐谷浑国、柔然汗国国境，到达了西域佛教盛行的于阗古国。不幸的是，这一时期西域诸国正处于频繁的战乱中，交通阻断。法献只好暂时住下，向当地的僧人学习佛法。交往中他结识了一位道行高深的当地胡僧，二人每日在一起切磋佛法。胡僧为法献口中江南建康的经济繁华、社会安定所打动，更为源远流长的华夏文明所折服，心中无比向往。在这位胡僧染病弥留之际，他对法献道出了一个天大的秘密，他在战争中曾到过西域另一个佛教盛行的小国乌缠国，并在战火中秘密抢救并带回原保存在那里的佛教圣物——佛牙舍利。他觉得富强、文明的东方古国才是佛牙最安全的归宿，托请法献代他实现心愿："可将还南方，广作利益。""我于乌缠国取此佛牙甚为艰难，又获铜印一枚，国王面像，以此封函。"

法献向胡僧保证，坚决不辱使命。法献毅然决然地放弃了自己原有的宏愿，立刻携带圣物和他收集到的佛经《观世音忏悔咒》东行回归故里。回归的路上，他还在高昌（现吐鲁番）古国收集到了中原地区未有的《妙法莲花经》之《提婆达多品》，穿越"死亡之海"塔克拉玛干沙漠到龟兹，参拜佛教石窟寺，收集到当地制造的金锤揲佛像，"所经之苦，人理莫比"。回归路上，丝绸之路北线又发生了战乱，于阗与乌孙、高车等国都争战不断。法献又绕道走南道，从高昌经楼兰、鄯善（现新疆维吾尔自治区巴音郭楞蒙古自治州若羌县）至青海回到中原地区。

佛牙舍利带回建康定林寺后，法献并未大张旗鼓地宣扬，仍保持一颗平和宁静的心，每日参拜、礼敬。可此佛牙被到定林寺拜佛的南齐竟陵王萧子良看到，大为震撼，广泛宣扬，佛牙之事逐渐传遍天下。南朝最后一个朝代陈代开国皇帝陈霸先登基时，还特意导演了一出大型高规格佛牙参拜仪式，以证明自己当皇帝是佛祖选定，乃为天意。

公元589年，隋朝灭掉南朝统一了中国，定都西安。隋代皇帝依然信奉佛教，佛牙舍利也自然被下令移奉西安。而佛牙在这里供奉300余年后，契丹人统一中国北方地区，再次将佛牙舍利移奉到当时定为辽国五京之一的南京城（如今北京广安门一带）。信奉佛教的辽国皇帝为了使佛牙舍利从此不再辗转，决定按照佛教高僧安葬惯例，把佛牙舍利藏入招仙塔地宫中。

佛牙舍利在佛教徒心中是至高无上的珍宝和圣物，所以古塔建成后的几百年间，一直受到人们的顶礼膜拜。寺院也不断扩建，依悬崖边还建有储存瀑布泉水的金鱼池，湖中心建了心亭、僧舍等。元、明、清时多位帝王拨帑银扩建寺院，在此避暑休闲。传说元代曾有公主在寺中出家修行，清代时康熙、乾隆、嘉庆三位皇帝不仅偏爱此地，还留下诗文、墨宝。许多皇亲国戚、文人高士也纷纷在此赋诗、题联、书匾，灵光寺可以说是风光无限。可是，到了清朝末年，古寺古塔却遭到飞来横祸。

正所谓覆巢之下无完卵。1900年八国联军攻占北京，西山地区是皇家行宫和八旗兵的聚集地，曾依靠清政府支持的义和团，也退守至西山八大处一带。他们以山险墙高的灵光寺为据点，设坛施法继续抵抗。八国联军则用火炮猛攻，古寺和灵光古塔被无情地炸毁。据文献记载，当时主攻部队是日本军队和英军雇佣的印度军队。寺中的义和团或战死或被俘后全部被杀。

在侵略者离去后，无辜的僧人们怀着悲愤而虔诚的心情清理瓦砾、残垣，捡拾破损的佛像残件和法器。在清理招仙塔塔基时，他们偶然间在塔基下发现坚固无损的地宫，并在里面看到了一盒巨大坚固的石函。打开石函，里面又藏着一只密封的沉香木匣，匣外有高僧善慧在北汉天会七年（963年）的题字"释迦佛灵牙舍利""天会七年四月二十三日"，木匣表面上还刻写了梵文佛经。看到这些，僧人们悲喜交加。悲的是八百余年巍然不动的古塔毁于一旦，喜的是保存两千三百余年的佛牙安然无恙。僧人们小心翼翼地将佛牙收藏好，发誓要舍命护宝代代相传。

到了新中国成立后，为了更妥善地保管佛牙舍利，1955年将它迎奉到中国佛教协会总部——北京西四广济寺的舍利阁内。

新中国的诞生给佛牙舍利带来了新生。1955年9月，佛牙舍利作为国际友谊的使者出访缅甸。缅甸是佛教盛行的国家，传说释迦牟尼曾到缅甸讲经。公元11世纪时，缅甸国王阿那律陀就曾想将流传在中国的佛牙奉迎到缅甸。此次应缅甸总统的请求，周总理亲自批准，佛牙舍利远赴缅甸。缅甸国佛协主席和最高法院院长吴登貌率代表团来中国迎奉佛牙。10月15日，载有佛牙的飞机抵达缅甸首都仰光机场，机场上人山人海，欢呼震天。缅甸总统巴宇博士、总理吴努、陆海空三军司令、军政要员及各国使节都赶来欢迎。飞机刚一着陆，一张特制的金漆大法轮座椅就抬到舱门前，将盛有佛牙的金制宝塔迎奉下来。此宝塔也是专门从北京故宫博物院中调拨的，重153公斤，嵌有800多颗珠宝。迎接现场法螺、锣鼓齐鸣，巴宇总统亲自接受木匣和古塔塔砖拓片,三呼"萨度"(善哉)。巴宇总统激动地对全场人说:"感谢毛泽东主席、周恩来总理,中国政府和中国人民。由于他们深厚的友谊,缅甸人民的历史愿望得到满足。"佛牙金塔先被抬到绚丽的彩棚中接受全场人礼拜,又由总统、大法官、上下议院议长、佛协主席抬上彩车,在仰光市区内巡行一周,最后送到仰光世界和平塔旁的吉祥石窟中供人瞻仰。彩车所到之处,人们跪倒礼拜,投掷鲜花。佛牙舍利在缅甸展出9个月后才送回中国。

佛牙回国后,为了使佛牙再能重回八大处灵光寺,1958年6月2日,又在西山八大处动工重建了佛牙舍利塔,定名为"灵光塔"。新建佛塔地选址在原招仙塔的塔基旁边,高51米,外形仍是密檐式佛塔,平面呈八角形,内有7层。底层有暗室,四周墙壁上嵌有石碑、经文。从暗室的石梯向上一直可到佛牙舍利堂。古塔经六年时间建成起用时,中国佛教协会在此举行了隆重的开光仪式。柬埔寨、日本、尼泊尔等近十个国家的佛教代表团和许多国家的驻华使节出席了典礼。

然而,在"文化大革命"期间,八大处诸寺又遭受不同程度的损坏,僧人也全部遣散。直到1979年,"文化大革命"结束,国家重回安定祥和。佛教界奔走呼吁重振灵光寺,这才得以派高僧海圆法师入住灵光寺,整饬振兴寺院。

海圆法师法号性空,1904年出生于河南河唐县大河屯乡,十三岁入豫鄂交界的桐柏山太白顶云台禅寺学习佛法,后被选为临济宗第十一代传人。他曾云游江南名山名寺,遍访高僧,1944年入北京弥勒院向真空大和尚学习禅宗。弥勒院位于现西城区官园附近,清代至民国时期是培养高僧的"佛学院"。据同院的僧人回忆,海圆法师不仅记忆力超强,精通佛法,还熟练掌握了"三槌、三刀"。"三槌"为:大磬槌——上殿会唱念,木鱼槌——早晚课打大鱼子,铃鼓槌——早晚课会打铃鼓。"三刀"为:菜刀——大寮做饭，剪刀——缝补衣服，剃头刀——给自己和同修剃头。

新中国成立后，弥勒院充公，海圆法师被安排到大雄麻袋厂工作。在以后的几十年中，他的工作内容不断变化，干过体力劳动，当过佛教组织的外事接待员。无论何时何地做何工作，他都以诚善之心待人，坚持净慧双修。在计划恢复荒芜多年的灵光寺时，海圆法师成为众望所归的不二人选。初创时，守护佛塔的僧人只有海圆法师一人，由于有"三槌""三刀"的深厚功底，78岁的海圆不仅一个人生存下来，还逐渐招募充实僧侣，修缮寺院，恢复佛事活动。他在讲经中，将禅宗、律宗、净土宗的精髓融为一体，教导众人秉持正心、正念，并劝导人们爱家、爱国。法圆法师坚持凡事都以身作则。主持寺院期间，他多次捐款扶贫助学。1998年湖北监利县发生洪涝灾害，他不仅带领寺僧捐款赈灾，还出资30万元建设监利县白螺镇灵光小学。2000年，93岁的海圆法师圆寂，寺院专门为他塑像陈列寺中，供弟子香客瞻缅。他的弟子有数万之众，遍布国内和东南亚。如今灵光寺已成为京西香火极为旺盛的佛教圣地，世界各地的人士来此"共沐灵光、共沾法喜"。佛牙舍利在近三十年间也三次重回缅甸，接受万众礼敬。

在20世纪七八十年代灵光寺恢复初期，海圆大和尚写了许多诗歌记录自己的生活、心境，现抄录几首，以飨读者。

早课

月是禅灯星为伴，佛牙塔旁坐蒲团。

灵台深处菩提住，高颂楞严震三千。

晚课

一佛一僧一盏灯，风吹松摆伴诵经。

孤身守塔无寂静，只缘佛祖在心中。

莫心急

招仙塔畔一菩提，动叶摇枝细佛语。
灵光道场兴有日，性空老僧莫心急。

一单僧

一人吃水一人挑，自性清净乐逍遥。
今日单僧守孤塔，明朝梵呗遍九霄。

写完此文，法显、法献、海圆他们的身影穿越时空，浮现在眼前，特此写一首诗献给他们。

法师赞

谁

能懂你的心愿

谁

能明白你的持念

风里雨里

疾行露宿在旷野

荒无人烟

白天黑夜

晾晒缝补破碎的经卷

无暇衣裳

日日夜夜
岁岁年年
你用双脚
写下万里长卷
不觉艰难
双手合十
只有佛祖的笑脸

雨雪融入大地
落叶回归田园
没有繁花美眷
没有笑语欢谈
你
想留下什么
在这人世间
一句句善哉规劝
一首首傲世诗篇

光秃的额头
模糊的双眼
压塌的双肩
你笑它如云烟
只有钟声夜半
永远留传

王世襄拦截住的
战国铜壶

现在,网络上经常听到"被辞职""被网红""被参加"等说法。大意是说事主在不情愿的情景下无奈做出一些事情、产生了某种结果。而在故宫博物院,也有一批珍贵文物,是原持有者一位德国商人"被捐献"出来的。

在故宫博物院,珍藏着一件珍贵的青铜器——宴乐射猎攻战铜壶。壶高31.6厘米,腹径21.5厘米,铜壶缩口,斜肩,鼓腹,在肩上还有两只

燕乐渔猎纹壶展示图(故宫博物院提供)

燕乐渔猎纹壶(故宫博物院提供)

兽首衔环。此壶为战国时期所造，其最为珍贵之处是在于壶身上有三圈分别以采桑习射、宴乐打猎、水陆攻战为内容的图饰。图中共有178人，鸟兽鱼虫94只，内容庞博，形象生动，真实全面地反映了两千三百年前我国的社会风貌。铜壶的纹饰设计、制作工艺可谓高超精湛。然而，就是包含这件铜壶在内的一批国宝，在抗日战争末期，险些被偷运到国外。

在抗日战争时期，我国不仅大量的自然资源被帝国主义列强掠夺，无数闪烁着数千年华夏文明之光的珍贵文物，同样被侵略者所觊觎、抢掠。与此同时，中华民族的优秀儿女们，不仅在战场上与敌人浴血奋战，在战后为保护祖国的文化遗产，也开展了长期艰苦卓绝的斗争。1944年，中国人民反法西斯战争即将胜利，在全国人民强烈的呼吁下，当时的国民党政府成立了清理战时文物损失委员会，向侵略者和那些趁火打劫的外国商人追缴那些被盗被抢、被强取豪夺的中国文物。当时的国民党政府教育部次长杭立武被任命为主任委员，北京故宫博物院院长马衡、营造学社社长梁思成担任副主任委员。1945年8月抗战胜利后，该委员会立刻决定在京（南京）、沪、平（现北京）、津、武汉、广州等地区成立办事处，即刻开展追缴、查没、收集信息等工作，最大限度地挽回战争造成的文物损失。当时曾任故宫博物院文献馆馆长的沈兼士被任命为平津区代表，他选派王世襄为助理代表，平津办事处设在了北海团城里。

王世襄先生可以说是中国文物保护历史上的一位奇才。他出身豪门，父亲王继曾担任过北洋政府驻墨西哥公使、国务院秘书长；母亲金章是名门之后，中国传统绘画大家。王世襄曾就读于燕京大学，获得硕士学位。上学期间，学校的"死功课"对他吸引不大，他更是醉心于中国传统的民间工艺和"游戏"。为了上学方便，家人为他在学校附近置办了一所小院，配备了仆人。他就带着仆人"熬鹰"、遛鸽子、斗蛐蛐儿、画葫芦、逛古董店……曾与他就读同一学校的历史地理学家侯仁之先生曾对笔者谈到，有

国立中央博物院李庄旧址

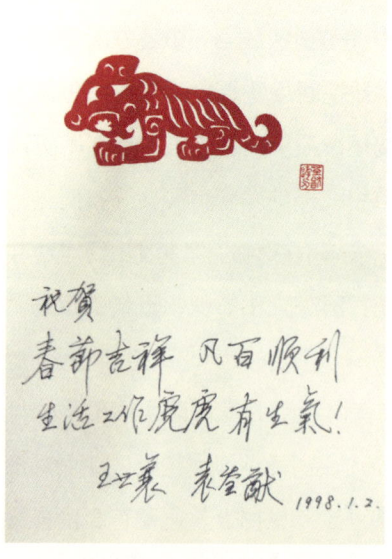

王世襄夫妇给高小龙的贺卡

一天深夜去学校的公共厕所小解,结果发现王世襄在厕所中就着昏暗的灯光刻画葫芦。因为整个宿舍中只有这里才一整夜有灯亮。

1941年王世襄大学毕业后去了抗战大后方,在搬到四川宜宾李庄的中国营造学社任助理研究员,研究中国古代建筑和历史文化。抗战胜利后,熟悉北京情况又精通文物的王世襄被委以重任。

第二次世界大战时期,北京、天津两地文物流失极为严重,除侵略者盗抢外,许多外国商人还到琉璃厂等地的文物古董店大量低价抢购。来到北京的王世襄先生面对这种局面心急如焚,为弄清情况,阻止这种态势,他采取了一条捷径。他先私下广泛走访北京的古董商,并在中山公园宴请他们,一方面劝阻他们不要再将珍贵文物卖给外商,另一方面请他们提供一些线索,结果竟有巨大的意外收获。琉璃厂的三位古董商提供了一条极为重要的情报:德国禅臣洋行经理德国人杨宁史在北京沦陷时买过一大批河南出土的青铜器准备运回国。禅臣洋行在战时,与德国政府和纳粹有着特殊的联系。王世襄先生得知后急忙只身赶往禅臣洋行。他赶到洋行办公室时,那里只有一位女秘书正在快速地打印着文件,外文极好的王世襄一边等待接见,一边凑上前去查看。真可谓苍天有眼,文件内容正是一份青铜器目录,战国宴乐射猎铜壶便在其中。他立即说明自己身份把它拿到手,仔细询问原由,女秘书至此只好坦言相告,目录是一位叫罗越的德国人让她打印的。王世襄先生又找到了罗越,罗越看到目录也只得承认是自己编写的,但是物品却是另外一位德国人杨宁史的,杨宁史已然去了天津。为防止万一,王世襄第二天就带上罗越一起奔赴天津。到天津找到杨宁史后,有目录又有罗越的对质,杨宁史不得不承认自己确有这批青铜器。但是,他狡诈地伪称文物藏在天津的住宅中,那里已被国民党94军占用。工先生又几次找94军交涉,但军阀们根本不买账,不让进入。无奈之下,王先生只能一方面向上级汇报情况,一方面托他父亲的好友、国民党元老朱启铃先生,找到了国民党实力人物宋子文面陈此事。宋子文听后深感事情的严重性,立即派人去94军驻地调查,可调查结果却是这批青铜器根本不在天津。宋子文只好又派国民党高级官员孙越崎再次找到杨宁史谈判。双方经过反复较量,最后达成一条妥协的方案,杨宁史把所藏青铜器全部交出,不算没收,算他捐献给故宫博物院,并在故宫博物院开辟一间房屋展陈,同时仍允许罗越和秘书(康斯顿)到故宫博物院去编目录。协议达成后杨宁史才承认,青铜器仍存放在北京台基厂的外商托运公司中,他一直伺机运到德国去。

1946年1月22日,王世襄先生和故宫博物院的几位同人终于将这批青铜器拉回到故宫博物院绛雪轩,在各界代表监督下清点查收,存入延禧宫库房。这批文物共240余件,除有宴乐射猎攻战铜壶外,还有商代兽面纹大钺、商矢壶、商提梁卣、玉柄戈、爵杯等许多价值连城的稀世珍宝。

著名金石学家唐兰先生经过对青铜壶鉴定后，亲自为其取名"宴乐射猎攻战铜壶"。

顺便值得一提的是，罗越此后加入美国籍，任哈佛大学福格美术馆馆长，1972年曾来华访问。

王世襄先生在以后一段时期的工作中，又从溥仪在天津的别墅中抢救出大量珍贵文物，还同其他同事一起去日本，追回了被抢掠到日本的原中央图书馆所藏善本图书106箱。

附记：

20世纪90年代起，笔者常去王世襄家中拜访、请教，那时老人和老伴音乐史专家袁荃猷先生住在朝内芳嘉园胡同一座大杂院的后院，一间十几平方米的平房中。原本这座三进的大宅院是王先生的家产，建国初期他还把院中的平房租给过黄苗子、张光宇等文化名人，院中多间房屋都用于存放祖辈留下的和他自己购买的古玩、书画，其中最占地方的是明清家具。在老一辈藏家和研究者还未对明清家具有所重视时，王世襄就开始大量收藏并深入研究。但是，在"文化大革命"时期，他也难逃被"抄家"的厄运。不过老先生可谓足智多谋，他和黄苗子等人都是主动请文物管理部门、文化研究单位来家里"抄家"，才使得那些珍贵的文化瑰宝免于被烧毁，文物逃过了一劫。可他院中的房屋则都被没收了，住进了大量的人民群众，逐渐变为大杂院。

记得第一次去王先生家，我问前院的两位居民，王世襄住在哪儿？第一位大叔说不知道有这么一位，我急忙解释说他是一位大专家。第二位大婶才说，后院有老两口订英文报纸，老头每天骑车去菜市场，是不是他呀？我一听就知道没错。20世纪40年代末，王先生曾在美国、加拿大考察一年多的博物馆，后来拒绝了多家国外博物馆邀请回到祖国，英文极佳。

记得老两口那时的房间十分拥挤，如同许多北京家庭一样。门口堆着蜂窝煤，一进门就是火炉子，双人床、写字台、大衣柜、饭桌，基本就把屋子占满了。可两位老人十分乐观、豁达。喝茶聊天间，袁先生还特意嘱咐老伴喝完茶茶叶别倒掉，过一会儿吃完饭，可以用它洗饭碗，特别去油！谈到过去，无论是少年"斗鸡走狗"、与名家谈诗论画、聚餐玩"压诗条"游戏，还是被下放农村放牛、耕田，他都满脸笑容，毫无愁云浮面。他骄傲地对笔者说："在乡下放牛时，没有人比我把牛养得更壮！"凭着这股乐天而坚韧的精神，退休前几乎从未发表过专著和研究成果的两位老人，在退休以后先后编撰、出版了《明式家具珍赏》《中国古代漆器》《北京鸽哨》《中国音乐文物大系·北京卷》《锦灰堆》等数十种专著。

著作虽多，但是两位老先生治学仍然十分严谨。有一次王先生写文章涉及道教文物，还让笔者帮他联系未开放的东岳庙，带他亲自到庙中去仔细观察大殿供桌的形制，去花鸟市场了解家鸽、鸽哨、蛐蛐儿、蛐蛐儿罐的现状……

"压诗条"是旧时文人聚餐时的一种游戏。一桌人每一人写一句诗，并抄写在两个纸条上，一张纸条写全，一张纸条少一个关键字。写全的纸条压在桌布下或放在一旁。少一字的纸条随机互换来猜，猜错罚酒，猜对罚写诗的作者。王世襄先生讲，张伯驹就曾带着他与一些文化名人玩过此游戏。

陈梦家索要回国的嗣子壶

  在中国历史博物馆,珍藏着一件战国中期铸造的极为珍贵的青铜器——嗣子壶(又名瓜壶)。它圆口圆腹,通高46.3厘米,口径15.2厘米,壶身高40厘米,壶盖高16.4厘米。在壶身上环刻有五层相间的蟠螭纹,并附有两只可活动的圆环形提耳。壶盖沿周边镶有6片如花瓣形状的青铜片,自然向外弯曲。此壶造型可谓设计精巧,独运匠心。壶身外观浑圆、敦厚,大方庄重;壶盖外观灵秀、轻盈、活泼。二者一上一下合在一起，组成为一件完美的艺术品。而从文物和考古价值上看，此壶更珍贵的还在于壶颈上刻有 23 列 50 字的铭文。根据铭文可知此壶制作于周安烈王十年（前 416 年）或周安王十年（前 392 年）。还有更重要的是，它出土于洛阳金村。记录着中国古墓被盗历史上一件天大的案件。除此之外，嗣子壶倾注了一位名叫陈梦家的爱国学者的心血、乃至生命；同时也记录着一个名叫卢芹斋的文物贩子的劣行和忏悔。

陈梦家诞生于辛亥革命爆发的 1911 年，1932 年便从当时的中央大学法律系毕业，还得到了律师执照。但是，他一天也没当过律师。陈梦家自幼喜爱文学，16 岁时就已公开发表诗歌作品，不满 20 岁时就出版了第一本诗集——《梦家诗集》。在诗中，他成为荒原的野花、秋天的雁子、城市中受伤的狗、追求真理的殉道者："一朵野花在荒原里开了又落了，他看见青天，看不见自己的渺小，听惯风的温柔，听惯风的怒号""只管唱过，只管飞扬——黑的天，轻的翅膀""命中已经注定我会把自己那颗善良的心灵分成两半一半交给清贫的诗歌另一半留给苦苦追寻的爱情""我燃烧，将时间里的琴弦齐声拨响"。

正在他文学创作走向顶峰的时候，1932 年 1 月 28 日淞沪抗战爆发，他毅然投笔从戎，参加十九路军奔赴抗日前线。1934 年，他又考入燕京大学攻读古文字学，并在这一领域学习钻研了十年。十年后，编写《剑桥中国史》的美国哈佛大学费正清教授和清华大学哲学系金岳霖教授推荐他到美国芝加哥大学讲授中国古文字学。1944 年，陈梦家又踏上美国国土。

陈梦家之所以要去美国，一方面是为教学，另一方面他还有一个更重要的目标。他在长期研究古文字的过程中，发现许多有铭文和可以考证出土地点的中国青铜器流失到美国，许多中国学者在研究古代史时由于缺乏这些一手材料而困惑。由此，他计划调查了解全美国收藏中国青铜器的情况，编一部全美国所藏中国青铜器图录，为后人服务。他到美国后只在芝加哥大学教了一年书，就将全部精力转移到调查工作中。此项调查也得到美国罗氏基金会、哈佛大学燕京学社和芝加哥大学在经费上的资助。陈梦家以芝加哥大学为根据地，遍访美国藏有中国青铜器的收藏家、博物馆、古董商。凡是可能访问的私人收藏者，他必尽最大努力说服。没有照片的拍照，有照片的记录询问详细资料。不能亲自造访的人家，他就写信索要资料。他不仅访问全美所有的博物馆，还曾到加拿大多伦多博物馆进行了调查。在博物馆中，他还注意收集各种关于中国文物的图书、印刷品。最终，他编撰出了《流散美国的中国铜器集录》一书。书中选录青铜器845件，资料来源包括博物馆、图书馆和大学等公立收藏机构37家，私人收藏62家，古董商13家。而这本书只是陈梦家调查成果的一部分，他的另一项巨大贡献就是从大古董商卢芹斋手中要回了嗣子壶，使之在流失美国即将被出售之时，又重返故土。

卢芹斋于1880年2月10日出生于浙江湖州一个殷富之家。20岁时他去法国巴黎闯荡，一开始境遇较差，曾经给人做过门卫。后来他与浙江财团的头领张静，以及中国驻巴黎领事馆的几名工作人员一起，合伙做古玩生意，先后在市中心的马德兰广场、泰布特街和莫佐花园附近的库基利斯街开设古玩店。他还与上海商人吴启周共同创办了专门向欧美销售中国文物的卢吴公司，其间他还与一名法国女子结了婚，可谓事业爱情双丰收。

第一次世界大战后，美国市场逐渐扩大，他又在美国纽约开设分店，他本人两边跑，大发中国文物之财。中国古代绘画如北宋著名画家李公麟的《华严变相图》《列仙图》就是经卢芹斋转卖到纳尔逊和波士顿两座博物馆。元代赵孟頫之子赵雍的《人马图》，由卢芹斋卖给华盛顿弗利尔博物馆。元代词人、画家周砥的《宜兴小景图》和补在画后的明代画家沈周的《溪山秋色图》，是我国一件流传有序的奇特佳作，它也是世上仅存的一幅周砥原作。清代作家曹雪芹的祖父曹寅，曾经收藏过这件两画作合一的珍

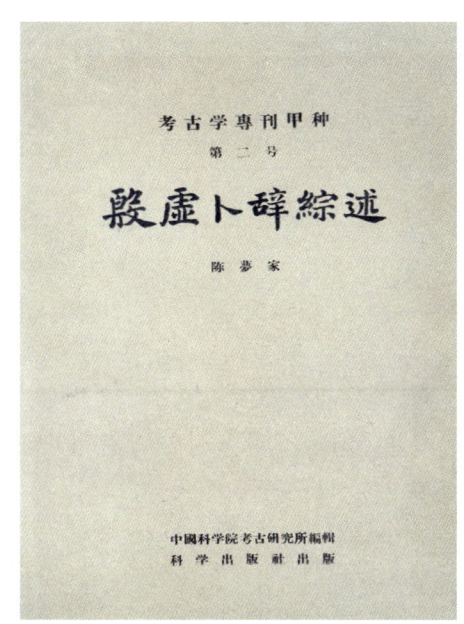

陈梦家著
《殷墟卜辞综述》封面

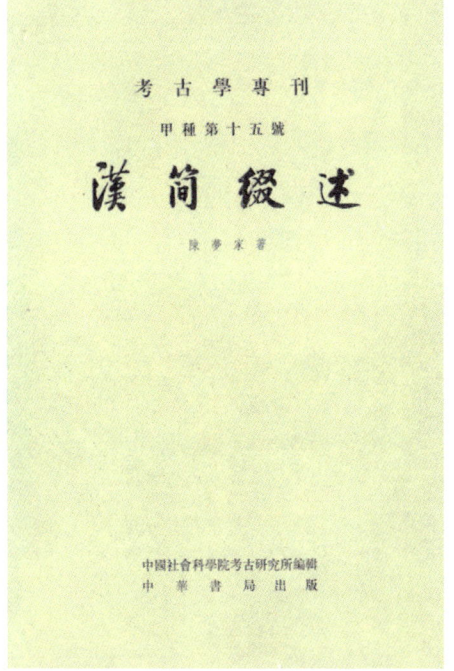

陈梦家著
《汉简缀述》封面

陈梦家收集嗣子壶

品。但是最终，也经卢芹斋之手贩卖到美国。到底有多少古代绘画经卢芹斋之手流失海外，至今仍是未知数。而对于文物价值和商业利润更高的中国古代青铜器，卢芹斋更是如饕餮一般贪婪。他大肆在中国国内收购、雇人盗掘，再转销于欧美。1944年11月，在美国进行文物调查的陈梦家通过原中国驻智利大使、曾任西南联大教授的张彭春先生结识了卢芹斋。卢芹斋当时已是著名的国际古董商。当陈梦家告诉卢芹斋自己在美国进行流失青铜器调查并请他帮忙时，卢芹斋竟然激动地表示，以前都是日本和美国人做类似的调查和研究，中国人中陈梦家是第一人，他一定要努力帮忙。陈梦家通过卢芹斋的通信卡片，寻找到许多美国私人收藏家和所藏青铜器，以及购买过卢芹斋青铜器的所有博物馆的名称、地址、简况；还从卢芹斋的青铜器照片底片中得到数以千计的青铜器照片。陈梦家在卢芹斋的仓库中，观摩和上手鉴定了数百件精美的青铜器。卢芹斋还凭自己的面子，领着陈梦家到纽约去查看法国富豪大卫·魏尔保存在那里的青铜器，并一一摄影。卢芹斋在纽约的分店也成为陈梦家在纽约的歇脚处。

1947年8月，陈梦家将离开美国，他在向卢芹斋辞行时提出，自己不久将回到清华大学筹办清华大学博物馆，希望卢芹斋能给予帮助，卢芹斋欣然答应。陈梦家趁机索要嗣子壶，作为博物馆藏品，因为这是陈梦家在卢芹斋仓库中所见的最珍贵的青铜器。卢芹斋一时不好回绝，就老练地提出：待清华大学博物馆有眉目时，他再寄去。1947年10月，漂泊了数年的陈梦家回到中国国内，筹备清华大学博物馆和美术系，再次向卢芹斋写信，请他捐赠嗣子壶，并告诉他博物馆已有了上百件文物。卢芹斋这才将嗣子壶寄回。

嗣子壶是从20世纪30年代初从河南洛阳金村出土流失海外，到回到清华大学博物馆，已在海外流浪了十多年。如果没有陈梦家先生，它现在也许正摆在国外某个富豪家中或陈列在国外博物馆的展柜中。

陈梦家1947年离开美国后，还曾到欧洲的英国、法国、丹麦、荷兰、瑞典等国家，寻找调查流失在这些国家的中国青铜器，并做了大量的记录。他在瑞典斯德哥尔摩的远东古物馆搜集中国青铜器资料时，由于不停地翻看卡片提取照片，一天下来手指都磨得生疼。他还拜见了酷爱中国文物的瑞典国王。

上天有时非常不公平，陈梦家先生为了保护祖国的历史文化遗产和造福后人，可谓呕心沥血，献出了青春和全部热忱。

陈梦家的父亲是一名牧师，赵萝蕤的父亲赵紫宸也是著名中国基督教新教神学家、宗教学教育家。可最终双方父辈们对上帝的信仰，也没能改变这一家人的悲惨命运。

可是那位卢芹斋呢，由于做中国文物生意使他发了大财，晚年则在他的豪宅中过起舒适、富足的寓公生活。1975年8月15日，他才在瑞士的尼永小镇去世。但愿嗣子壶能把这一切告诉后世的人们，让历史的悲剧不再重演。

附记：

金村古墓被盗案件

"北邙山头少闲土，尽是洛阳旧人坟。""涧底盘陀石渐稀，尽向坟前作羊虎。谁家石碑文字灭，后人重取书年月。"这是唐人王建《北邙行》中的几句诗词。公元前1046年，生存在黄河流域黄土高原的姬姓周氏部落打败商王朝，定都镐京（陕西省西安），建立了周朝。在2780年前，周王朝由于外患内乱，迁都到了河南洛阳，开启了延续515年的东周时期。在五百余年间，东周王公大臣们都在城外西北邙山金村等地建造陵墓。

北邙山横亘于洛阳之北，绵延数百里，似长龙腾于昆仑、游于秦岭长行，憩于洛河北岸，构筑华夏龙脉。金村位于邙山之南麓，依山傍水、正阳高照，实为风水宝地。金村曾发现数座周王陵墓，出土东周时期金银器、青铜器、玉器、玻璃器等数千件珍贵文物，其造型之精美，工艺之精湛，文化内涵之磅礴，超乎人们的想象。但是可悲的是，金村王陵出土这么多文物，竟然几乎全部流失到国外，仍仅存于国内的珍贵文物只有洛阳博物馆的一件铜鼎、南京大学收藏的一件铜尺，以及中国国家博物馆中保存的陈梦家要回的嗣子壶。

金村古墓被盗，这一中国文物史、考古史的悲剧，还得从1928年讲起。当年夏季的一天，一场大雨过后，村中农田中塌陷出一个大坑。当地农民下入坑中发现并捡拾出多件玉器、铜器，他们进城卖给古董商时，价格惊人，一件器物可以换一匹骡马。村民们都开始狂热地发掘开来。当时河南地区军阀混战，民不聊生，发掘古墓成为当地土豪恶霸们发横财的大好机会。他们有持枪的保安队守卫，雇用村民开始了长达4年的盗掘恶行，八座东周王墓被挖掘一空。而盗掘出的文物则最终流入财大气粗的洋人囊中。其中收获最大的为加拿大传教士怀履光。

那一时期，河南地区对基督教开放，金村古墓的发掘被基督教河南圣公会主教怀履光得知。此人1897年就来到中国福建传教，在当地开展建立学堂、开办医院等慈善工作。1905年他与妻子一起来到开封，仍然积极开展创办学校（包括女子中学）、购粮赈灾、开展戒毒运动等工作，并由此受到北洋政府的嘉奖。而他除了传教士身份之外，还有一份兼职，就是为加拿大皇家安大略博物馆收购中国文物，而他收购的数百件套珍贵文物都来源于金村，使该博物馆成为世界瞩目的金村文物收藏研究机构。

除了怀履光之外，当时收购金村文物的，还有那个曾在敦煌割揭过莫高窟壁画之人华尔纳、古董买办卢芹斋等。他们也都来到开封分一杯羹。金村文物的流失，也使得对金村古墓的学术研究国外学者走在国内学者之前。日本学者梅原末，先后从日本收藏家细川侯爵、嘉纳治兵卫民、山中定次郎氏、浅野梅吉氏及美国弗利尔美术馆、大都会博物馆、英国伦敦不列颠博物馆、瑞典国立博物馆及法国巴黎的卢芹斋古玩店搜集到的资料和照片，于1944年编辑出版了《洛阳金村古墓聚英》一书。怀履光也在《北平图书馆刊》发表了《在支那发现的一群稀有遗物》，后来又写出了《洛阳故城古墓考》一书。他在60岁退休回到加拿大后，还被聘为多伦多大学考古学副教授、安大略皇家博物馆远东部主任。但是，怀履光是否亲自参与了金村的盗掘，国内外长时间未有定论，从他给博物馆和友人的书信上看，那些金村当地的土豪恶霸，应该没有让他有机会参与或亲自下到墓坑中。他们都十分提防"洋鬼子"，要自己垄断这一"财源"。

另：在"四人帮"倒台后，赵萝蕤先生病情逐渐好转，并回到大学教书，继续从事美国文学的翻译工作。美国《纽约时报》曾在头版对她进行过报道，她曾就读的芝加哥大学颁发她"专业成就奖"。1998年，86岁的赵萝蕤先生走完了她独特的、令人唏嘘的一生。2000年，她的故居——美术馆后街22号院，由于不是政府公布的"不可移动文物"，也因为"城市建设"需要被强制拆除。那是一座明清风格两进四合院，为赵紫宸先生在20世纪50年代购买，陈梦家和赵萝蕤曾在那里居住过。

2019年4月14日，由中华书局、中国文化遗产研究院联合举办的"陈梦家先生纪念座谈会"在北京大学静园二院208会议室举行，王世民、孙庆伟、朱凤瀚等许多专家和陈梦家的亲属参加了会议。上海博物馆徐汝聪研究员在会议发言中提到，陈梦家除了在考古学上成果显著，他在中国古典家具的研究上也成就巨大，并且是一名优秀的收藏家。他于1947—1949年间开始了家具收藏活动，近十年间收藏了一批精美的明式家具。目前，其中的一部分已入藏上海博物馆，另一部分共17套23件被陈梦家妻弟赵景心捐献给浙江省湖州市博物馆。

抗战中避难香港、美国的居延汉简

　　造纸术是中国古代的四大发明之一。而在纸张产生以前，我国的文字经历了刻在甲骨上、铸在青铜上和写在竹片、木片上的历史。大约从战国时期至魏晋时代，我们的祖先用毛笔、小木棍蘸墨或黑漆将文字写在竹木片上，人们称写字的竹片为简，木片为牍，它们统称为简。如果写一篇文字较长的公文或书信，人们就用两股麻绳（也有用皮绳的）将它们编起来，"一编"称为一策（册）。官方所用的简牍一般长50—60厘米，民间的一般

20厘米。简策,可以说是我国最早的书籍。因为甲骨、青铜都不能算是真正的书写材料。简牍与甲骨文一样没有在世间传世流传下来,人们都是通过出土的简牍才认清它们的面目。可笑的是,我国古代第一次大规模出土简牍是缘于一个盗墓贼的偶然发现。

据《晋书》记载,西晋太康二年(282年),现河南新乡附近一个名叫不准的盗墓贼,有一次盗掘战国时期魏国魏襄王的墓穴。他在墓室内发现了堆积如山的简牍。没有什么文化的不准并不懂得简牍的珍贵,为了能在漆黑的墓室内发现宝物,竟随手抓起简牍点燃照明。不久后不准案发被捕,交待了此事。官府才将那些珍贵的断编残简收集起来,并立刻运送到都城。当时的皇帝晋武帝司马炎看到简牍后大为震惊,马上责令朝中的荀勖、和峤、束皙等官员整理、编译、抢救国宝。现在人们读到的《穆天子传》等古文,就是晋人依靠那些简牍整理出来的。

我国有史以来第一次科学地通过考古发掘出土简牍,是1930年至1931年在内蒙古额济纳河流域的汉代烽火台遗址中发现的居延汉简。1926年,北平中国学术团体学会和瑞典的一些考古学家、历史学家组成了一个西北科学考察团,到我国甘肃、宁夏、内蒙古、新疆、西藏等地考察民俗、地理、地质、生物、气象、民族状况等,并进行考古发掘。考察团的中方团长为徐炳昶,曾留学法国,担任过北京大学教务长和北平研究院史学所所长。

1930年4月,考察团中的瑞典学者福克、内格曼在调查途中,竟然意想不到地在内蒙古额济纳旗的居延地区长城烽燧遗址中发现了大量汉简。考察团随后在那里一共发掘出

美国旧金山亚洲艺术博物馆

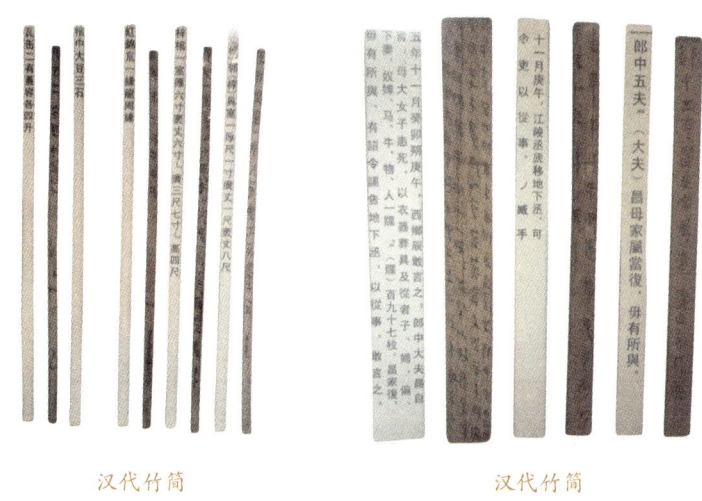

汉代竹简　　　　　　　汉代竹简

一万多枚汉简。他们还发现了整策的汉简,这是自西晋以来第一次发现。

居延在汉代归张掖郡的昭武县管辖,汉简内容有文书、信札、经籍、簿册等,非常全面地反映了该地区汉代的社会面貌。汉简的文物价值、史料价值弥足珍贵。根据考察团所订立的协议,出土文物全归中方所有。这批汉简很快就运回了北京,1932年正式入藏当时的北平图书馆(当时暂存北京大学文科研究所),由傅振伦、傅明德等人对汉简开展了编号、登记、录写等整理工作。北京大学研究院的侯印卿摄影师还逐一对汉简进行拍摄,以供学者们研究。但是,这一美好愿望并未能顺利实现。

"九一八"事变后,日本侵略者全面占领东北,北平岌岌可危。为保护珍贵的文化遗产免遭日寇摧残,1931年北平图书馆的工作人员被迫护汉简南迁。1932年这批汉简途经天津、青岛被运到了香港大学冯平山图书馆保管。可汉简颠沛流离的命运并未就此结束。1941年12月7日,日本偷袭美国海军基地珍珠港,太平洋战争爆发。香港成为日军的侵占目标,居延汉简又一次面临危险。如何保护好这批国宝,当时逃到香港的文物专家与北京大学代校长蒋孟麟及北平图书馆的领导几经商议,最终选择了一条安

居延汉简

居延木牍

湖北荆州出土的成册竹简

全保险而又无奈的出路——送出国门。他们决定请民国政府驻美大使、曾任北京大学教授的胡适出面帮助联系,将汉简暂运到战火未殃及的美国本土暂存。

1941年12月,居延汉简又流浪到美国,落脚华盛顿的美国国会图书馆。直到第二次世界大战结束几年之后,在学者们的呼吁下,居延汉简才又从美国运送到台湾。直至今日,它们仍存于台北南港的"中央研究院"历史语言研究所。

值得一提的是,1972—1976年我国的考古工作者又对居延地区进行了一次大规模考古发掘,再次在一些烽火台和鄣坞等军事小城中发掘出汉简两万多枚。它们与以前发掘出的汉简相互印证、补充,使人们更全面地了解居延地区汉代的社会全貌。

另外,当年居延汉简从香港转运美国时,发掘工作的原始记录等文件未转运,至今仍留在香港大学。

西北科学考察团的考察成果非常丰厚,其撰写了大量学术报告和论文,而且不仅限于社会科学方面。例如,科考成员地质学家丁道衡在内蒙古考察时发现了白云鄂博铁矿,依靠此铁矿建立起来的包头钢铁公司还特为其塑造铜像以示纪念。

汉代制作竹简的工具

秦汉时期削竹简的小刀

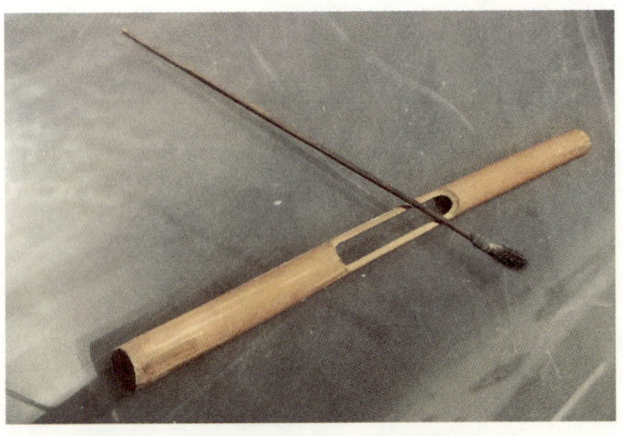

汉代书写简册的毛笔

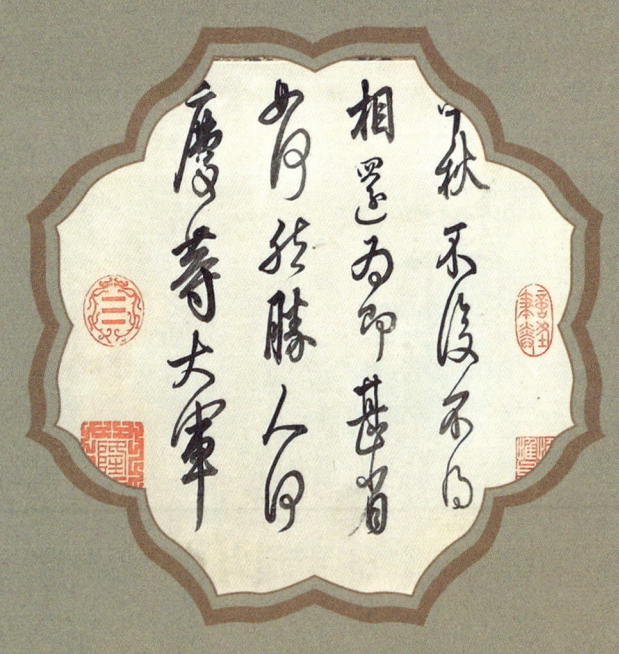

张伯驹从"旧王孙"手中
抢购捐献的《平复帖》

"十年遍校流沙简,《平复》无惭署墨皇",这是启功老先生赞美西晋文人陆机墨迹《平复帖》的两句诗。言其多年研习秦汉书法墨迹,《平复帖》可以算得上天下第一。

《平复帖》是三国时期文人陆机寄给友人的一页信札。由于信的开头有"彦先羸瘵,恐难平复"一句话,被后人起名为《平复帖》。《平复帖》质地为纸本,笔体为草书,9行84字。启功先生考证其内容为:"彦先羸瘵,恐难平复。往属初病，虑不止此，此已为庆。承使唯男，幸为复失前忧耳。吴子往初来主，吾不能尽。临西复来，威仪详跱，举动成观，自躯体之美也。思识量之迈前，执势所恒有，宜称之。夏伯荣冠乱之际，闻问不悉。"从信中可知，陆机主要谈论两人：一是多病的彦先（陆机的朋友贺循），感叹其多病尚有孩子侍奉，可以无忧；又谈到一位两次来拜访的客人吴子杨，认为其举止得当、仪表非凡，应该重视此人。晋代时有注重仪表以貌取人的风气。

《平复帖》自诞生后，一直备受历代文人书家推崇，被称为"法帖之祖""中华第一帖"，最终被视为国宝由故宫博物院收藏。

究其原由，首先是它的作者陆机非同一般，是一位大文学家，且一生充满传奇。陆机（261—303）是三国时期吴郡华亭县（上海）人，曾官至平原内史、前将军等职。史书记载他"少有异才，文章冠世"，与弟被合称为"二俊"，留下了大量受后人喜爱的诗词歌赋，并开一代文风之先河。陆机一生几经沉浮，最终为国含冤而死。他出身显贵，本想隐居山水间从事文学和书法创作了此一生，可因贵族出身，多次受邀担任高官显职。别人因当官而发财，他却因官而亡。西晋大安二年，他在平乱前线打仗时，主管他的成都王司马颖听信谗言，将他撤职处死。

再次是《平复帖》书法水平高，年代悠久。评判一件历史文物主要是看它的历史、科学、艺术三大价值。依据自然法则，年代越久远价值越高。《平复帖》是我国现存书法作品中最早的名家传世墨迹，而且代表章草向今草转变时的书法风格，艺术价值极高。明代书法家董其昌在此帖上题跋道："右军（王羲之）以前，元常（钟繇）以后，唯此数行，为希代宝。"宝帖是陆机用秃笔所写，古人形容它刚劲老辣，如"万岁枯藤"。

最后，《平复帖》留传于世上一千七百余年，也是几经沉浮，险象环生。从中可见商人的奸诈，帝王家亲情的冷漠与强取豪夺，豪绅的奢华与

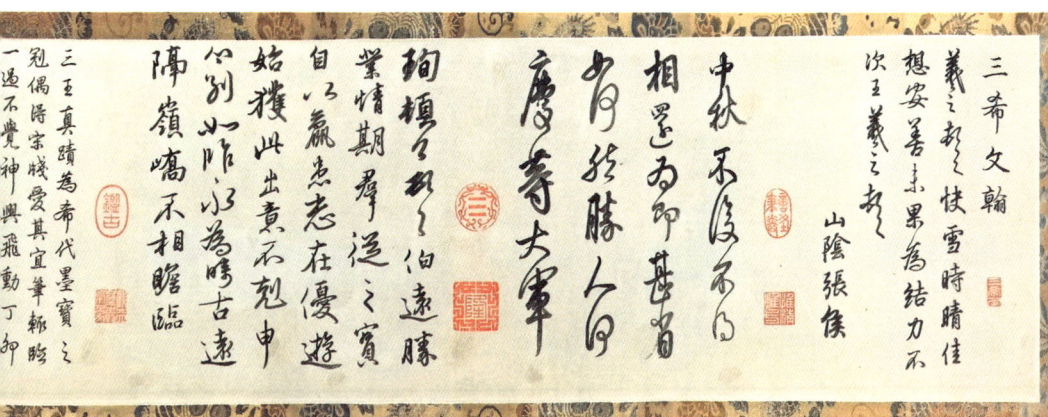

清乾隆帝临三希堂帖（1747 年）

雅好，赤子的忠心报国。从馈赠过程中可见千载难逢的帝王家族的血肉情深，从无偿借阅中更显友情之赤诚。更为难得的是，近代大收藏家张伯驹曾花巨资收购，却无偿捐献给国家，而自己一生如同历代国宝一样，几经沉浮，历尽沧桑！

据王世襄先生考证，《平复帖》在唐代就被精细装裱收藏。当时被名家殷浩、梁秀箐收藏。唐代末年和五代时期，又被政治家、历史学家、编撰《唐会要》和《五代会要》两部史书的王溥及其两代后人珍藏。到了北宋中期，宝帖又被驸马李玮从王溥后人手中购得。李玮娶了宋仁宗赵祯的大女儿兖国公主。这位公主聪明又孝顺，在父皇得病时，她不仅侍奉左右，还设坛祷告愿替父得病，很得皇帝宠爱。李玮擅长书画，酷爱收藏，为人本分，可长相难看，与公主的婚姻生活一直很不和谐。二人还曾在皇帝的允许下离婚又复婚，主要原因是为维护皇家脸面，李玮一直是忍辱负重。李玮在宋哲宗称帝期间去世，而接任称帝的正是嗜书画如命的宋徽宗赵佶。《平复帖》自然不能再存于李家了。宋徽宗对其异常喜爱，特意在上面钤盖鉴赏印章、题写帖名。让内臣在奉圣旨撰写的《宣和书谱》（专门记载皇宫

恭王府内景

恭王府大门

所藏书画）中，对它进行详细说明。

宋朝灭亡时，皇宫所藏书画四散分离。德祐二年（1276年）正月，5岁的宋恭帝赵㬎投降元朝，文天祥等爱国将领又拥立新皇帝在福建、广东一带继续抵抗，可最终是"山河破碎风飘絮，身世浮沉雨打萍。惶恐滩头说惶恐，零丁洋里叹零丁"。十余万军民被逼入大海牺牲。原藏于皇宫的《平复帖》也流落到民间，此后三百多年间不知所终。元代时，朝廷把百姓分为四等，南方汉人是最低等级的"南人"，即便有文人收藏了珍贵文物，也绝不敢对外声张。直到明朝中叶万历年间，才有确切记载，大收藏家韩世能收藏了《平复帖》。他的一位朋友曾撰写诗歌，描绘了韩世能对《平复帖》的珍爱："昨朝同尔过韩郎，陆机墨迹锦装潢。草草八行半漶灭，尚道千金非所屑。"

但是，《平复帖》享受如此的优厚待遇并不长久。同样在明代，它曾辗转到视钱财高于一切的奸商手中。明代一位葛姓古董商为了利益，在得到宝帖后，竟暴殄天物地把宝帖前后古人的题跋无情地割下来，换到宋徽宗所画的《王济观马图》上，以提高画作的价格。明末清初时，《平复帖》与王羲之的《快雪时晴帖》遭遇同样的命运，都被明清两朝为官的冯铨获得。《快雪时晴帖》被他儿子主动献给了皇帝，《平复帖》也没能保留在他后人手中，之后落入到财大气粗的扬州大盐商安岐手中。

安岐原本是朝鲜族人，早年曾为清康熙朝时权臣明珠的家奴。由于安岐精明能干，被明珠派到天津和扬州经营盐务。明珠失势后安岐独立经营，反而成为扬州首富。至今扬州都有"安家巷"一街。安岐暴富后，除了置办豪宅、豢养珍稀小动物、养戏班子、每日大宴宾客外，常常一掷千金收购古代书画，并自己作序汇编了《墨缘汇观》一书，非常详细地介绍其所藏，并有独到的评语。由此也可知，安岐并不是简单的附庸风雅，他确有一定的文化积淀和鉴赏水平。他还曾出资刊印过自家的藏书，出巨款资助潦倒的大学者朱彝尊。而朱彝尊最终写出《曝书亭记》八十卷、《日下旧闻》四十二卷、《经义考》三百卷，以及编辑整理古代诗词数百卷，同时创作了大量诗词。历史上的许多人物，有时真的难以概而言之。

到了雍正年间，《平复帖》又被尚未当上皇帝的弘历也就是后来的乾隆帝买走。乾隆自幼好学，本人擅长书画，还精于鉴赏。他得此宝帖一段时间后，把它当作珍贵的贺寿礼，孝敬给了自己识文断字的母亲——皇后钮钴禄氏。钮钴禄氏把这珍贵礼物一直随身携带，直到离世时仍收藏在自己在皇宫的卧室寿康宫中。乾隆四十二年皇太后去世，乾隆的第十一子永瑆可分一些奶奶的遗物做"遗赐"，以作睹物思人之用。《平复帖》是乾隆孝敬给母亲的，再还给乾隆不合适了，成亲王永瑆就这么机缘巧合地得到了《平复帖》。永瑆也自幼酷爱书法，成年后曾任嘉庆朝的军机大臣。其书画收藏颇丰，在他62岁时，还将自己收藏的法帖请石匠刻成一套碑帖，名为《诒晋斋帖》（现存北京石刻艺术博物馆）。永瑆一生可谓风平浪静，艺术仕途双丰收。可是，他的后人没有他这么好的运气了。

在永瑆的曾孙载治去世后，他的两个孩子都尚处年幼，光绪皇帝安排恭亲王奕䜣代管载治王府事务。恭亲王借机毫不客气地把《平复帖》据为己有，并在死后传给了自家后人。此后这一珍宝一直在恭王爷的儿孙手中，最终在清朝末年，落到了恭亲王后裔、著名画家溥心畲囊中。

1911年清王朝覆灭，许多王公贵族为了维护往日奢侈的生活不得不变卖家中文物。溥心畲有一次将手中的唐朝大画家韩幹的《照夜白图》卖给日本人（后来日本人又转卖给英国人，在20世纪80年代又被美国大都会博物馆购得）。这件事被著名爱国人士、收藏家、词人张伯驹得知，他十分担心溥心畲手中的《平复帖》也遭此厄运，就请古董商韩博文从中说和，愿意高价收购。尚不缺钱的溥心畲狮子大开口，喊出20万元天价，吓退了张伯驹。到了卢沟桥事变时，张伯驹更是担心、害怕，又请傅增湘先生向溥心畬说合，此时恰好溥心畬为母亲办丧事急等钱用，才最终答应以4万元现金成交。张伯驹"庆幸此宝未被商贾转手流出国外，欣喜若狂了好几天"。他认为"无论从《平复帖》作者陆机这位文学家和书法家的成就来说，还是从史学和造纸、笔、墨等考古学方面来说，它都是

张伯驹奖状

稀世之珍"。1943年，他为了躲避日寇，将《平复帖》缝在了衣服里，逃遁至内地。此后几经战火，社会动荡和国民党大员的强索，国宝始终未离其身。

但是，张伯驹先生对文物的热爱绝非一般守财奴所比，他收藏文物完全是出于保护传承祖国优秀文化遗产的目的。王世襄先生曾亲口向笔者谈过，1947年，比他小十四岁的忘年好友王世襄为写论文向他借阅《平复帖》真迹，他连借条都未要就将宝帖借出了一个多月，其间从未催要。此事也反映出张伯驹对友人的坦诚与信任。

1956年北京市人民政府召开会议动员购买公债，出席会议的张伯驹当场表示愿将自己收藏的价值最高的文物《平复帖》出售给国家，所得全部款项购买公债。他回家后把自己的想法告诉给了妻子潘素。深明大义的潘素女士劝他直接把帖捐献给国家，支援国家建设。当时国家文物局给《平复帖》的估价是二十万元。张伯驹和潘素二人最终把宝帖以及多年收藏的唐杜牧《赠张好好诗》、北宋范仲淹书《道服赞》、北宋蔡襄书《自书诗册》、北宋黄庭坚书《诸上座帖》、南宋吴琚书《杂诗帖》、元赵孟頫草书《千字文》等国宝级文物全都捐献给国家。《平复帖》和这些历史上都曾在皇宫中保存过的珍品，又都回到紫禁城，由故宫博物院收藏展出。

附记：

笔者20世纪90年代曾到北京什刹海南岸张伯驹先生晚年居住的小院拜访过他的女儿，著名青绿山水画家张传彩、女婿楼宇栋一家人，看到张伯驹的书法作品和潘素先生的画作。张伯驹的书法外表柔美，笔画轻扬飞舞，而结体结实，被称为"羽鸟体"。潘素先生和女儿张传彩的画，则常常当作国礼送给世界各国党政要人。

据张传彩先生介绍，张伯驹捐献书画后，生活并非如人们想象的那样显贵，反而恰似他收藏的国宝一样也是几经沉浮。在20世纪50年代就因多种原因被赋闲在家。另外，新中国成立后不久，当时的中共领导康生曾"借去"张伯驹几幅古代字画观赏，可长时间不还，欲霸占。此事无意中张伯驹告诉了陈毅，陈毅又转告周总理，在周总理的干涉下，康生才把字画还给张伯驹、潘素夫妇。

令人庆幸的是，在张伯驹先生交往的朋友中，陈毅元帅比较客观公正，也了解张伯驹不懂政治、不拘小节的行事风格。在1961年一次开会时，他把张伯驹举荐给了吉林省委书记于毅夫，后在吉林省宣传部宋振庭部长的大力邀请下，张伯驹夫妇来到长春市任职（当时住在长春市朝阳区吉林艺专南湖宿舍）。张伯驹一方面为吉林省博物馆举办展览、征集文物操劳奔走；同时还为吉林艺专讲课，并编写了6卷本的《春游琐谈》（由20余位现代大师的363篇文章组成，文献价值极高）及《吉林省博物馆藏画集》。另外特别值得一提的是，为了充实吉林博物馆馆藏，他又将自己收藏的元代仇远《自书诗》卷、颜辉《煮茶图》卷、赵孟頫《篆书千字文》卷、唐人写经《大般若波罗蜜多经》卷、明董其昌的书法作品、唐人楷书册及他和潘素最喜爱的宋代杨婕妤《百花图》卷转让给吉林省博物馆。《百花图》是南宋真迹，杨婕妤为何人尚无定论。宝图由15段重彩折枝花和一幅《海水日出》、一幅《灵芝》连成，画风独特。画卷上配有题诗和天干、地支，异常奇妙。此卷在清代也曾收入皇宫。

1972年1月陈毅元帅逝世，张伯驹痛惜好友，其所写挽联陈放于八宝山灵堂中："仗剑从云作干城，忠心不易。军声在淮海，遗爱在江南，万庶尽衔哀。回望大好山河，永离赤县！挥戈挽日接樽俎，豪气犹存。无愧于平生，有功于天下，九泉应含笑。伫看重新世界，遍树红旗。"此后没多久，张伯驹被聘为中央文史馆馆员，有了生活和政治的保证。

张伯驹是词曲大家，有《张伯驹词集》出版。如今人们仍可以从他的一些词句中一窥他被错误对待那段时期的心境："纵有风流惟吊古，羞语，座中谁是旧潘郎。红日鸡声天下放，催唱，回头万事似秋霜。""看东流江水如愁。明月依然来照我，堪比白雪盈头。意绪冷于秋，繁华过梦收。纵团圆、也负绸缪。离合悲欢千古恨，寒露和，泪凝瓯。"

他的家人说，张伯驹晚年对世间一切全都看淡，心如孩童一般。有一次，在街上看到卖冰棍的，钱财从来交给家人掌管的他要求买一根吃。家人怕他年纪大了不同意，他随即坐在地上就不走了。在他眼中，这根冰棍就是生活的最大奢望，就是一切！

晚年他得病时，因行政级别较低只能住多人同住的病房。1982年2月26日，84岁高龄的老人结束了思想单纯、命运"传奇"的一生。十年后，潘素先生离世。令人欣慰的是，他们的后代都继承了前辈的传统，从事了历史文化保护传承工作。外孙女楼朋竹、楼朋林二人，分别成为首都博物馆的书画修复专家、北京市文物研究所考古专家。

另外，与《平复帖》相关还有一段传奇的故事。据原中国文物报著名记者蒋迎春先生的《平复帖还椟记》记载：1994年春节前一天，中国石化总公司的文物藏家田家青先生，在北京琉璃厂海王村旧货市场史致广先生的柜台内，发现了一件做工精致的长方形紫檀画匣。匣上刻"西晋陆机平复帖"及下款"诒晋斋"。字体为隶楷，书风圆健雄浑，雍容华贵，颇具皇家风范。田先生与店主相商先不出售,自己则将此信息告知故宫博物院专家。书画鉴定专家杨新先生时任副院长,他请二人把宝匣拿到故宫博物院鉴定,经现场与原帖比对,尺寸稍大,令人疑惑。

几日后,一位老文物专家终于发声了。他藏有当年张伯驹写给溥心畬的亲笔信。信中提到,《平复帖》原来是有一件宋代缂丝的包首和紫檀木盒的,而张伯驹购得帖时已无此盒。琉璃厂出现的这件宝盒应是清代时皇家为宝帖专门配制。史致广先生得到了此消息后,拒绝了多位出高价的买家,将此宝盒捐赠给故宫博物院,保持了琉璃厂古玩行"商亦有道"的传统。杨新副院长在故宫博物院漱芳斋接见了史致广、田家青,向史致广颁发了证书,表彰其深明大义、舍利取义。

在新中国的历史上,这样无偿捐赠的事例数不胜数。其中最为世人交口赞扬的就是故宫博物院老专家孙瀛洲先生。他13岁从河北老家农村来北京古玩店中做学徒,后来有了眼力和懂得经营之道后又自己创办古玩店,收藏丰厚。自1950年起,他先后多次向故宫博物院捐赠瓷器、铜器、犀角雕刻等珍贵文物3000余件。其中的一件明代成化斗彩三秋杯,是他曾花费40根金条购得。他本人和他的弟子耿宝昌后来也都被聘到故宫博物院工作,成为院内顶级专家。

溥心畬,名儒,字心畬,号西山逸士、旧王孙等。他的一生充满传奇,自幼聪慧,饱读诗书。少时曾入宫候选皇帝败给堂弟溥仪。如果选上,中国历史就得改写了。不过当母亲得知消息后,高兴得给全家人做长寿面吃。全家人都认为同治、光绪两位皇帝都是慈禧老佛爷欺压死的,没选上皇帝才是福气!溥儒此后专攻中国传统文化,诗词歌赋、书法绘画无一不精。30岁时他举办书画展览,轰动画坛,后有"南吴北溥""南张北溥"之誉("吴"为画家吴湖帆、"张"为张大千)。溥儒不仅在山水画方面继承了中国传统绘画的精华,人物画更是善于捕捉人物神态,画面更注重展示人物的"精气神",极具神韵。不过,如今留传在世上许多他题款的画作,不全是他画的。笔者曾听启功先生讲课时介绍,溥儒年青时住在恭王府后花园,有画商找他取画,正在跟朋友一起唱戏或斗蛐蛐儿的溥儒,常常是事先勾出一个画面的轮廓,让他的学生、助手填色,他最后再修改几笔盖上印章就算交差。

溥儒出生于1896年,正值清朝末期社会动荡。他在国内和德国都上过大学,见过慈禧、德国亲王、日本天皇。他非常有民族气节,既不在溥仪傀儡政权任职,也拒绝在日伪统治下的北平任职。1949年,他携家属租渔船从浙江舟山沈家门码头渡海到台湾,1963年去世。在台湾时他还拒绝过给宋美龄当绘画老师。从他的诗歌和绘画中可以看出,他既有忧国忧民之情,又有远离政治之心。在他内心深处,他仍然坚守他只是满族人。满清王朝结束了,他也没必要效忠哪一个政权了。

抢购回归的"二希"

人们参观故宫紫禁城时会发现,故宫自南向北有三路建筑,中路高大雄伟,那是皇帝接见大臣、使节的地方,要显示皇家威仪;东西路建筑尤其是北部"内廷"部分,则相对低矮亲切,更为宜居。那是皇帝一家人居住生活的地方,西路还曾有小皇子们一起上学的大课堂呢。

在故宫西路有一座精巧的小院叫养心殿,正殿坐北朝南,几百平方米,是清代几朝皇帝们日常办公和居住的地方。在这排房西头有一间8平方米的小房子，清朝初期叫作"暖房"。屋内有一铺火炕，布置的也非常雅致温馨。乾隆帝当政时这间屋改名为"三希堂"，成为乾隆帝的书房，至今墙上仍高悬乾隆御笔"三希堂"匾额和沈德潜创作的"三希歌"。"三希歌"讲明了"三希堂"名字的由来。这里保存了三件中国最著名、最珍贵的约一千六百多年前晋书法作品：王羲之的《快雪时晴帖》、王献之的《中秋帖》和王珣的《伯远帖》。当年，乾隆经常在这里与近臣们鉴赏这三件法帖，法帖上不仅有他钤盖的多幅印章，还有几十条亲笔题记。

"三希"实际上是我国古代三位大书法家给朋友写的三封信，而且其中有一件只是信函中的一页。《快雪时晴帖》写的是："羲之顿首，快雪时晴，佳想安善，未果为结力不次。王羲之顿首。山阴张侯。"共28个字，气势贯通，结体均匀，遒劲秀美。梁武帝在《古今书人优劣评》中称赞王羲之的书法："王羲之书，字势雄逸，如龙跳天门，虎卧凤翔，故历代宝之。"王羲之被历代文人奉为"书圣"。唐太宗李世民特别喜欢王羲之的书法，他曾派大臣四处收集王羲之的墨迹。他死时还将这些书法珍品殉葬埋入陵墓中，其中就包括最著名的《兰亭序》。现在保存的这个《快雪时晴帖》也不是原迹，是唐朝人的摹本，就跟现在小学生描红模子一样描画出来的，这种方法又叫"响拓"。这个摹本写得非常好，几乎可以乱真。所以古代人也一直把它当真迹保存，称之"天下法书第一"。这件法帖南宋时曾被大收藏家、宰相贾似道收藏过。后来女真族建立金王朝，又从开封得到这个宝帖，一直传到金章宗完颜璟手中。明清时此宝帖流散到民间，明代时被秀水（浙江嘉兴）的藏书家冯梦桢收藏。清初时又归了涿州（河北涿县）的冯铨收藏。清康熙年间冯铨的儿子冯源济当上了国子监祭酒。冯铨此人，十分精明狡诈，明代时就在朝中任过高官，为自保曾攀附横行作恶的宦官。到了清初，又再次攀附掌权的王爷多尔衮出山为官。冯源济继承父亲的优良传统，为讨皇帝喜欢，将这件传家之宝献给了康熙皇帝。

《韩熙载夜宴图》局部

乾隆称帝后见到这件宝帖时非常喜欢,在宝帖上题字赞美:"天下无双,古今鲜对""龙跳天门,虎跃风阁"。

《中秋帖》是王羲之的儿子书法家王献之的代表作。上面写道"中秋不复,不得相还,为即甚者,如何然胜人何庆等大军"。这几句话读来十分不连贯,其原由是宋代时王献之的字迹价格就极高了,有些收藏的人就常常从一件作品中割下一两个字卖钱,导致原作品不完整了。可若仔细品鉴此帖,字与字仍相连贯,似一气呵成。《晋书》中评论王献之的字:"观其字势疏瘦,如隆冬之枯树,览其笔踪拘束,若严家之饿隶。其枯树也,虽槎栎而无屈伸;其饿隶也,则羁赢而不放纵。"宋代大书法家米芾夸赞此帖:"运笔如火箸画炭,连续无端末,所谓一笔书。"其实,此字帖也不是原迹,正是米芾临摹的,不过确实神形兼备,近于真迹。米芾本人的作品也崇尚晋人书法的风致神韵，追求率真自然的艺术境界。清代书法家高士奇评价米芾书法："清雄超妙气凌云，一洗胸中顽与隘。"

三希中只有《伯远帖》才是公认的真迹，它是王献之堂弟王珣的作品。晋代时期是中国书法发展的一个高潮鼎盛时期，经济文化繁荣的江南地区产生了众多书法世家。《伯远帖》也是一封家信："珣顿首顿首，伯远胜业情期群从之宝。自以赢患，志在优游。始获此出，意不克申。分别如昨，永为畴古。远隔岭峤，不相瞻临。"信中抒发了对一年前去世的堂弟王穆（字伯远）的思念和英年早逝的惋惜，全信凄婉悲切，令人动容。帖中文字行笔峭劲秀丽，自然流畅，骨力挺健。凡后一笔都压着前一笔的地方，墨色都比较黑一些。这件墨宝宋代时也收入皇宫。到了明代时，书法家董其昌曾收藏，董其昌称赞王珣书法："珣书潇洒古澹，长安所见墨迹，此为尤物，足见东晋风流。"清代时这件宝物又被大收藏家安岐收藏。安岐原本是清室贵族明珠的家奴，后经营盐业发了家，大量收购古书画。他的藏品后经乾隆朝大臣、也是大鉴定家的沈德潜斡旋，全部进了皇宫。这三件宝物本是有亲属关系的三人所写，清乾隆时又像三个兄弟相聚在故宫。但是，不到200年的时间，三兄弟又都各奔东西，至今分离海峡两岸。

1912年辛亥革命后，按民国政府制定的《优待清室条件》："大清皇帝辞位之后，其原有之私产由中华民国特别保护。"溥仪及家眷、太监们仍住在紫禁城。以溥仪为首的这些人，便不断地将宫中珍藏的文物赏赐、偷盗出宫，甚至变卖。"三希"命运也是如此。1924年，溥仪本已签订契约把《快雪时晴帖》抵押给东交民巷的美国花旗银行，以换取40万借款。可还未来得及实施，当年11月5日他就被轰出故宫，住进什刹海的醇亲王府。后来，他让太监带车回故宫取衣物，太监总管又把《快雪时晴帖》藏在溥仪的铺盖内。可没想到的是，出门时让守门的冯玉祥将军手下的士兵给搜了出来，交给了当时民国政府新成立的、专门负责接收清宫遗物的清

《五牛图》局部

抢购回归的"二希" 103

室善后委员会。这件珍宝此后一直由国民党政府保存,新中国成立前被运到台湾,现保存在台北故宫博物院。其间张作霖占领北京时也想据为己有,1928年他撤离北京时曾让部下去故宫索要,委员会的几位专家都推托保险柜需多人在场、五把钥匙一起才能打开,才得以保全宝帖,不然此帖也会随张作霖一起在辽宁沈阳城外皇姑屯灰飞烟灭了。

在抗战时期,《快雪时晴帖》与故宫的其他许多国宝一起被运到大后方四川西部保存。几年后,国民党政府眼看大势已去,将此宝帖与其他二十三万多件文物一起运到了台湾,至今保存在了台北故宫博物院。1980年,从大陆押运文物去台湾的台北故宫博物院副院长庄严先生,在弥留之际还因"三希"的分离而遗憾。

《中秋帖》和《伯远帖》在民国初年的命运比《快雪时晴帖》还惨。溥仪出宫后16天,仍住在故宫中的清同治皇帝的两位妃子瑜妃和瑨妃也被轰出宫,极有心计的瑨妃在出宫时把《中秋帖》和《伯远帖》给偷走了。两位老太妃出宫后住进了现北京市文物局办公地点——北京市东城区府学胡同36号。这里也是一所归清朝内务府管辖的大宅院,属于皇家的财产,一直是皇亲国戚们居住。她们住在这儿既算投亲,也算是住进自家房产中。可两位老太太毫无生存之技,整日坐吃山空,最后把两件国宝抵押给日本银行。此事让一位与清室贵族们交往密切的大古董商郭世五知道了,抢先在回赎期限内将两件国宝买了回来。郭世五是旧中国古玩行中一个比较传奇的人物。

郭世五名叫郭葆昌,字世五,年少时开始在西华门的一个古玩铺里学徒,后结识了到这里买古玩的袁世凯。袁世凯看他能干,就雇他给自己当差。郭世五从此便逐步发迹、致富,当过袁府总管、九江关监督。袁世凯要登基当皇帝时,又派他去江西景德镇监督烧制庆典用的瓷器。制造这批瓷器云集了江西最好的工匠,不计工本,所以艺术水平极高,被后人们称为"洪宪瓷"。郭世五还在琉璃厂海王村开办过照相馆,与美国收藏家福开森合编过《项子京瓷谱》，并担任过故宫博物院瓷器及书画审查委员。1940年郭世五去世，他收藏的瓷器和"二希"又转由他儿子郭昭俊收藏，郭昭俊遵照他父亲的遗嘱，把他家的瓷器于1946年捐给故宫。"二希"他不舍得捐，曾标价一千两黄金出售。后来，他又想讨好国民党要员宋子文，要把"二希"送给宋。此事还未办成就被媒体炒得满城风雨，结果宋子文也不敢要了。1949年新中国成立之前，郭昭俊去了香港，"二希"也被他带走了。

新中国的成立，给文物保护事业带来了春天。国家花费重金从郭昭俊的手中买回"二希"。

1949年10月新中国一诞生，当月就成立了国家文物局，学者郑振铎任第一任局长，办公地点就设在皇家御苑北海团城内。20世纪50年代初，香港古玩市场十分活跃，当时从伪满洲国长春伪皇宫中遗失的一些文物到了香港，一些跑到香港的国民党权贵、富翁们也都带去了大量文物。当时许多外国古董商都跑到香港想大捞一把。眼看一些国宝又要流失到洋人的手里，郑振铎先生坐不住了。1951年3月，他找到了文教委主任郭沫若、文化部部长茅盾商量，能不能成立个"香港秘密收购文物小组"去香港，由国家出钱把那些国宝级文物买回来。郭老和茅盾都认为十分有必要，就又向周总理上报了请示，总理很快就批示同意。郑振铎经过反复挑选，最后选中了广东省银行香港分行经理徐伯郊负责此事。徐伯郊的父亲徐森玉也是大收藏家、大鉴定家，新中国成立前曾在故宫博物院工作。徐伯郊本人也有很好的鉴定眼力。收购小组成立后收购的第一件文物就是"二希"。

那时，恰巧郭昭俊做买卖急用钱，把两件国宝抵押给了英国银行，而且1951年底就到期。届时不赎，银行有权没收，扣押或拍卖。其实，之前郭昭俊找过台湾国民党政府，想以半捐半售的形式出售，被以经费不足婉拒。徐伯郊在1951年10月得知此消息，他赶紧一方面向国家文物局反映这一情况，另一方面积极与郭昭俊联系，动员他卖给国家。国家文物局也

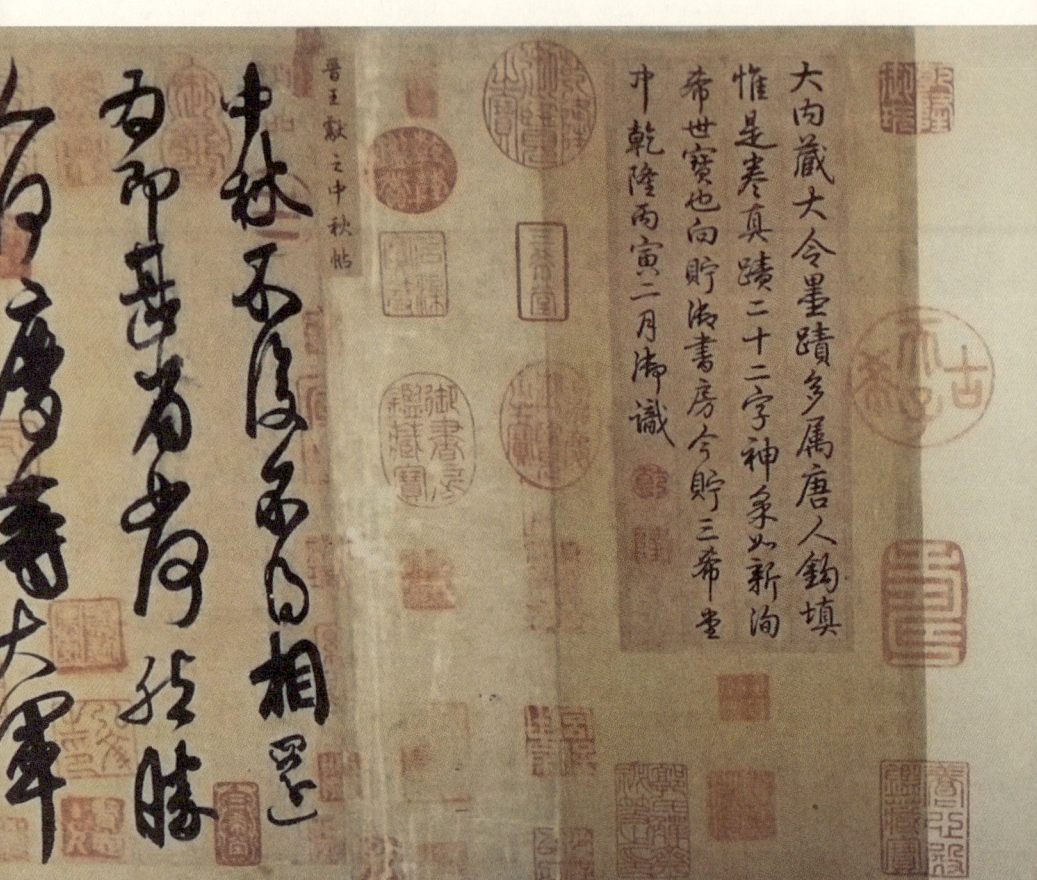

《中秋帖》局部

抢购回归的"二希" 107

立即向中央政府上报此事。最终得到批复："同意购回《中秋帖》及《伯远帖》——致马叙伦并王冶秋等。马副主任并王冶秋副局长、马衡院长并告薄副主任、南行长：同意购回王献之《中秋帖》及王珣《伯远帖》，唯须派负责人员及识者前往鉴别真伪，并须经过我方现在香港的可靠银行，查明物主郭昭俊有无讹骗或抬高押价之事，以保证两帖顺利购回。所需价款确数，可由我方在香港银行与中南胡惠春及物主郭昭俊当面商定，并电京批准后垫付，待'中秋'及'伯远帖'进国境后再拨运。以上处理手续，请与薄、南两同志接洽。"信中的马叙伦，是当时政务院文教委副主任，王冶秋是当时国家文物局副局长，马衡先生是故宫博物院院长。南行长是指南汉宸，那时是人民银行行长，胡惠春是上海中南银行董事。周总理是11月5日批复的，与报告上报时间没隔几天。

最终国家终于在当年年底以本息港币48.837662万元的价格买下了"二希"。其所耗外汇超过了一架米格战斗机。那时国家刚解放，可谓百废待兴，国家一下子拿出那么多的外汇购买"二希"，充分显示了党和国家对文物保护事业的重视，也显示老一辈革命家的气魄。此外，鉴定及交割手续全在澳门完成。

在此之后，这个收购小组又以80万港币收购了香港收藏家陈仁涛的一批古钱币，这批古钱币几乎囊括了我国历代各地发行的金、银、铜、纸币和钞版，一共1700多件，在国内是最完整的。1953年，徐伯郊通过反复做工作，主动联络感情，以低价收购了张大千收藏的唐代绘画真迹《潇湘图》和《韩熙载夜宴图》。另外，现藏于故宫的唐代韩滉《五牛图》、宋代马远《踏歌图》、宋赵佶《祥石图》都是那时从香港抢救回来的。

附记：

现在，许多书店都卖《三希堂法帖》，曾让一些读者把"三希"珍宝与这套法帖混淆。其实《三希堂法帖》与"三希"有一定的血缘关系，可不是同一件东西。"三希"在乾隆时收入宫中后，乾隆帝就命令吏部尚书梁诗正、户部尚书蒋溥、军机大臣汪由敦等将皇宫内所藏的历代书法真迹合编到一起，形成一套法帖集。这些文臣一共花费7年时间才最终完成这项任务，即《三希堂法帖》。法帖一共32卷，收入了从魏晋到明的135位书法家的340件作品，10万余字。对此乾隆仍觉不满意，认为不足以显示其气魄，他决定刻一套《三希堂法帖》刻石。这中间还有一段插曲，前面说过明末清初王羲之的《快雪时晴帖》被涿州人冯铨收藏，冯铨收藏了许多法帖，他由此编集、摹刻了一套法帖，将自魏晋至元代赵孟頫共20位书法家的作品刻在石板上，并在家乡筑屋收藏。但他去世几十年后，家境日趋贫困，这套石刻被福建人黄可澜买走运到福建。到了乾隆年间，闽浙总督杨景素又看上这套石刻，最终买走。杨景素为感谢皇恩，马不停蹄地将这套珍贵的石刻法帖献给乾隆皇帝。乾隆十分高兴，命人在北海琼华岛西侧建造殿堂"阅古楼"保存它们。同时他又精选有书法修养的翰林和官员，将其余法帖勾摹在石板上，从全国挑选了镌刻高手进行刻字。所用石材，也是北京房山出产的石质坚硬细腻的艾叶青。现在这里保存了石刻495块。当时乾隆皇帝为庆祝大功告成还题写诗歌："宝笈三希萃法珍，好公天下寿贞珉。楼飞四面开屏障，神聚千秋作主宾。不杂嬴刘夸博广，略存魏晋要精真。游丝灯影参元契，大块文章沆瀁津。"乾隆为了显示皇恩浩大，还命工匠用特制的三草墨和清水连四纸捶拓了52份，赏给王公大臣。

乾隆以后，每个皇帝上台都要捶拓一部分"三希堂"法帖分封给王公大臣们。

清朝覆没后，据曾经参与过拓印的马宝山先生向笔者介绍，北洋政府

府学胡同 36 号院

府学胡同 36 号院长廊

府学胡同 36 号院垂花门

和国民党政府时期,也是谁上台谁捶拓一次。如今有些石刻已被毁坏,部分刻石字迹也不清楚了。直到新中国成立后,这套三希堂刻石回到人民的手中,才真正受到保护。1949年后,这套刻石从未再捶拓过。现在出版的《三希堂法帖》都为旧拓的影印本。

敦煌莫高窟的世纪悲歌

  在中国西部有一个地方，历史上曾是中西贸易交往、文化交流的结点，那里有一座历经一千五百多年才建成的博物馆。馆内有 492 个陈列室，陈列着 45000 平方米的精美壁画和 2400 座雕像。但是，同样在那里，自 20 世纪初开始，一批又一批来自俄、英、法、美、日等国的商人和所谓学者，从这个博物馆中买走、骗走、盗走了一批又一批价值连城的古代经卷、文书手稿、艺术品乃至墙上的壁画。而中国学者想要研究它们，还不得不

敦煌

敦煌莫高窟的世纪悲歌 115

敦煌石窟全景

到国外查看资料。大学者陈寅恪称那里是："吾国学术伤心史！"那里就是——敦煌。

敦煌市位于我国河西走廊西端，是甘肃、新疆、青海交界处。在市区东南鸣沙山脚下，有一片佛教石窟寺，735座山洞中保存有45000平方米的壁画和2415尊佛像，这里就是世界文化遗产——敦煌莫高窟。

莫高窟从公元366年开始开凿，那时这里是佛教传入中国的"中转站"。从魏晋时期到唐代，这里一直盛行佛教。几百年间，僧人们和当时的百姓在山崖上开凿石窟、塑造佛像、描绘壁画、抄写经书，以表达对佛祖的敬畏。南宋时，战火蔓延到几百年少有战事的敦煌，当地僧人和居士在逃跑前将世代相传的经卷、公文、绘画、书籍、法器等全部用布包好封闭在一个小石窟内。此后这些宝物在这个称作藏经洞的小洞窟中，平安地隐藏了900年。

900年后第一个发现这个洞窟的，是一位名叫王圆箓的道士。他年轻时当过清兵，退伍后出家当了道士，一直住在敦煌下寺。敦煌莫高窟四周都是沙漠，许多石洞都堆积了大量风沙。王道士为了按自己的意愿改造石窟，就开始清除窟中的沙土。1900年5月26日，当王道士在清除一座石窟甬道内的风沙时，忽然轰隆一声墙壁裂开一缝，他好奇地用旱烟袋一敲，发现墙壁是空的。他感觉这里一定有什么秘密，第二天晚上他偷偷地把墙壁打破，果然在里面又发现了一扇泥土封住的小门。他又把泥土凿开，终于在里面发现了那个藏有五万余件珍宝的小石窟。

最初，王道士出于对佛祖的敬畏，并没有乱拿里面的物品，只是选了几幅水月观音画像和经卷送给了当时敦煌县令汪栗庵，并报告了这一发现。汪县令立刻认识到这些东西的珍贵价值，他自己偷偷私藏了一部分后，又挑选了几件精品送给了甘肃学台叶昌炽，并向他报告了这一发现。叶昌炽恰好是水平极高的金石学家，他当然懂得这些宝物的价值，便立刻向上级政府藩台衙门反映情况并建议将石窟中的宝物全部运到省城保管。叶昌炽在他的《语石》一书中也写到了当时的情景:"敦煌县千佛洞,即古之莫高窟也。洞扉封以一丸泥,十余年前土壁倾移,豁然开朗,始显于世。中藏碑版经像甚夥,楚丞汪栗庵大令宗翰,以名进士作宰此邦,助余搜讨,先后寄贻宋乾德六年水月观音画像,写经卷子本、梵叶本各二,笔画古拙,确为唐经生体,与东瀛海舶本无异。"藩台衙门虽然收到了叶昌炽的呈文,可那些昏庸的官吏们觉得花五六千银两保护一堆破烂、废纸大可不必,只是发了一道命令,令王道士就地封存。此后,这批宝物的厄运便接二连三地开始了。

闲云野鹤一般的王道士并不是那么听从清政府的指令,他不断地偷出一两卷写经请人拿到新疆去贩卖,其结果只能是引狼入室。1900 年,英籍匈牙利探险家斯坦因来到中国的新疆,进行考古发掘活动。那里许多古城遗址都留下了他发掘的痕迹。在此之前,他曾在奥地利、德国、英国的多所大学学习研究东方历史文化,马可·波罗和唐玄奘是他最崇拜的人,最终他沿着他们的足迹来到中国。

他由新疆东行到了敦煌后,马上就听说了王道士和藏经洞的传奇,这令他兴奋不已。他在这里耗了几个月才找到王道士。但是,王道士一开始并没有答应他观看藏经洞的请求。斯坦因也感觉到王道士不好对付。这时,斯坦因的中国翻译蒋孝琬给他出谋划策。蒋某人似乎更了解自己同胞迷信神灵、崇拜佛教先贤的心理弱点。斯坦因再去见王道士时,便极力吹捧唐玄奘,并说自己是从印度跟随玄奘的足迹来到这里,探访藏经洞也是为了回去宣传玄奘。这招果然奏效,当晚王道士就把经书送到了斯坦因的帐篷。第二天又领他进入洞中。当看到数万卷用汉文、梵文、突厥文、藏文、康居文等多种文字写成的手稿和色彩鲜艳如新的大量古画时,斯坦因便下定了攫取的野心。他经过反复与王道士商谈,最后确定用一笔大约 40 锭银元宝,捐助王道士修庙,换取了经过精心挑选的 24 大箱手稿、5 箱唐代绘画、刺绣和其他美术品。王道士用斯坦因给的钱在石窟寺前修了个新寺院及供香客们住宿的房屋。

1914 年,斯坦因卷土重来,又得到了 5 大箱 600 多卷写经。而这些东西出境时仅交了 130 英镑税款。由于斯坦因的这些功劳,英王授予他骑士勋位,英国皇家地理学会授予他金质奖章,牛津和剑桥大学都赠予他名誉博士学位。但是,在收藏他赃物的大英博物馆中,斯坦因未能得到与其他一些著名考古学家一样的待遇——展出本人肖像,他带回的文物也极少展出,因为他的欺骗行为也令本国人难以启齿。

斯坦因开启了敦煌文物流向欧洲的通道。他走后第二年,法国汉学家伯希和和他的助手努埃特就闻讯来到敦煌,由于伯希和精通汉语,很快就说服了王道士。这时的王道士只有两个条件:一是金钱,一是保守他们交易的秘密。伯希和在藏经洞中足足驻扎了三个星期,几乎翻遍了所有的卷子,最后得到 6000 卷精心挑选的经文手卷和绘画,而价钱只是 500 两白银。由于他懂汉文,他攫取这批东西的价值远远超过斯坦因。此外,伯希和还拍摄了全部壁画。但是,这个法国人并没有守信用。待大量的宝物送回国,存入巴黎图书馆和吉美博物馆后,他本人却带一小部分需修复装裱的手卷来到北京,将自己的奇遇和好运大肆炫耀一般,并在六国饭店展出他的"战果"。

这一举动立刻震动了在北京的中国学者,他们对敦煌的这些情况以前几乎一无所知。伯希和的吹嘘和狂傲也令清政府气愤,而气愤的结果也只是让敦煌的地方官封存剩余的卷子。后来,在许多中国学者和有良知的一些官吏一再呼吁下,1910 年清政府才下令让甘肃学台将石窟中剩余的文物运送到北京。

可这又出现了另一种令人痛心的现象。当地的官吏只是用席子将珍贵的手卷、绘画随便一裹就装上车。沿途官吏谁遇见谁偷，运到北京后只剩下 8600 多卷。而这还不算完，当时负责接收工作的是新疆巡抚何彦升之子何震彝，他竟公然让运送文物的大车先进到他家中。他伙同岳父李盛铎，以及刘延琛、方宗廉等官吏一起，将其中最精美、价值最高的 400 多卷窃为己有。为了凑足 8600 卷的数目，他们又将剩下来较长的卷子一撕为二为三，真可谓暴殄天物。这部分经卷，现存于国家图书馆。而何震彝等人偷盗的大部分文物，他们在 1935 年卖给日本人了，这使得日本人曾狂妄地说，敦煌在中国，敦煌学在日本。

在伯希和之后，又来了两拨觊觎莫高窟文物的外国人。

第一拨是两个日本人，一个叫吉川小一郎、一个叫橘瑞超。他们 1908 年就到了新疆，表面上是进行考古发掘，好像这样更文明、高雅，而实际上他们是日本特务。1911 年这两人来到敦煌，同样找到王道士，最后从王道士的密室中拿到了他私藏的 600 卷纸质文物。它们都是王道士在文物被清政府运往北京前，私藏在他新塑的佛像里。王道士新塑的塑像内部全是空心的。

在日本人之后是所谓的考古学家、探险家美国人华尔纳，他在 1924 年到达敦煌。此前，他也想如同先前的几位榜样一样，先到新疆的一些古文化遗址盗掘一番。但令他失望的是，他的"前辈"并没有仁慈地给他留下什么伸手可得的宝物，于是他也把目标转向敦煌。此时的藏经洞已空空如也，他却并未因此放弃偷盗的野心，又把目标转向更珍贵的壁画和塑像。他野蛮地用胶布将壁画粘揭下来，粘揭不下来的就连墙皮一起铲走。他一共弄走了 36 幅唐代壁画，其中包括珍贵的《张骞西域迎佛图》。这些精美的壁画、塑像，使原本无名的美国福格博物馆一下子闻名世界。而在华尔纳进入敦煌的两年前，敦煌莫高窟还发生了一场劫难。约 400 名白俄逃兵窜入中国境内，当地军阀竟将敦煌石窟作为拘留所关押这些人。他们于是

作者在保存敦煌文物的美国福格博物馆

在里面胡作非为了 6 个月，雕像、壁画都遭到不同程度的损毁。

华尔纳第一次得手后第二年又来了，他带了两马车的胶布准备大干一场。这回他就没那么顺利了，当地人民自发地担起了保护石窟的重任。华尔纳自己记录了当时的情景："约有十多个村民放下他们的日常工作，从大约 150 里之外的地方跑来监视我们的行动，并且他们使用一切手段来诱使我们来触犯他们的规定，以便对我们进行袭击，或者把我们驱逐出境。"华尔纳最终只得空手而归。而且，华尔纳第一次盗走壁画后，敦煌县的县长就遭到百姓的围攻责问，王道士也遭到当地人民的责骂、唾弃！

据初步统计，大约有 4.6 万余件文物从敦煌莫高窟流失到国外，包括英、法、俄、日、美、丹、韩等国家。其中，大英图书馆东方部和英伦印度事务部图书馆藏 13000 件左右，法国巴黎图书馆东方部 5779 件，俄罗斯前列宁格勒亚洲民族研究所藏 10800 件，日本京都博物馆和几所大学图书馆及私人手中共藏 600 件，美国华盛顿国会图书馆、纽约大都会艺术博物馆等 7 处共藏 22 件，丹麦哥本哈根皇家图书馆藏 14 件。而中国包括香港地区和台湾地区仅存 17700 件。

2000 年，笔者曾采访过敦煌研究院樊锦诗院长，据她介绍：

敦煌经卷可以说是一部写于我国 4—16 世纪的百科全书。第一类是佛教经书、典籍和道教、景教、摩尼教等宗教的经书；第二类是大量的儒家经典，包括《易经》《诗经》《尚书》《礼记》《春秋》《论语》等；第三类是史籍和地方志，尤其以我国西北地区的为主；第四类是公私文书、信件，这些都是独一无二的；第五类是文学作品，这部分也是仅敦煌才有的；第六类是文化教育资料，其涉及的范围很广，包括语言学、音乐、舞蹈、书法等；第七类是科技资料，包括医药、天文历法、算学、雕版印刷、建筑等方面，这部分资料就更珍贵了。

在伦敦博物馆中藏有一幅从敦煌盗走的《全天星图》，它绘于公元 8 世纪初，图上有 1350 多颗星，是世界上现存星数较多、年代较早的一幅星图，而且其绘制方法非常科学，比欧洲早 900 多年。敦煌的这些书卷，有手抄的，有雕版印刷的，质量很高，文字也达 10 余种。它们有的可订正我们现存一些书籍的错误，而大部分是孤本，其价值就可想而知了。

据樊院长介绍，敦煌的保护工作是 20 世纪 30 年代才开始的。美国福格博物馆在华尔纳空手而回后就抛弃了他，又拿两万英镑找到斯坦因收集中国西域文物。斯坦因通过各种手段让当时的南京政府同意后，又来到新疆古文化遗址进行盗掘。此事传出后国人一片愤慨，中国学术界掀起了一场强烈的抗议运动，许多报纸都要求把他驱逐出境。最后，斯坦因盗掘的文物被当地扣留，本人被轰出中国。从此，敦煌宝窟的大门永远对外国觊觎者关闭了。

附记：

1999年笔者参观了大英图书馆，经提前联系，图书馆特意非常友好地从库房中提取多卷敦煌经卷供笔者观看。经卷中既有文字，也有彩色图画，非常精美。当时，图书馆仍在开展中国西域文物的保护工作。在保管部门，笔者亲眼见到业务人员把一块块古代木简小心放入一个个按照木简形状压制好的塑料盒中，木简与盒子之间严丝合缝，他们又在盒子表面盖上透明塑料布，然后抽成真空，这样木简既可以观看研究，也永远不会变质损坏。

笔者参观法国图书馆和文化研究机构时，接待人员在交流座谈时讲道，这些文物都是联合国制定国际公约前来到法国的，中国人就别再想着要回去了。法国研究机构已经把所有敦煌经卷拍摄了高清胶片，并赠送了中国一套，中国人完全可以依靠它们做研究……

2000年笔者参观了位于美国马萨诸塞州波士顿市的福格艺术博物馆，它就坐落在著名的哈佛大学旁。博物馆内展出着大量源于中国的青铜器、瓷器、玉器，而最吸引人的还是敦煌莫高窟精美的木制彩色人物雕像和大幅壁画。笔者在与展厅中一位工作人员交谈时，无意间透露自己是中国人，专门来观看敦煌壁画的。那位工作人员立刻十分严肃地对我说，你可以自由的参观，但是绝对不允许拍照那些敦煌文物。

打碎分藏到美国两座
博物馆的帝后礼佛图

  纽约大都会博物馆位于美国纽约市中心，建成于1902年，占地8.5公顷，珍藏着来自世界各地的300余万件文物珍品，规模之大、藏品之丰富，名列世界五大博物馆之一。纳尔逊艺术博物馆位于美国堪萨斯城，是20世纪30年代由一位名字叫威廉·洛克希·纳尔逊的企业家创立的，它以收藏大量东西方美术作品而闻名于世。纽约大都会博物馆和纳尔逊博物馆，一个在美国东海岸，一个在美国中部，相隔千里。而它们离中国又有万里之遥。可是，我国河南省洛阳龙门石窟宾阳洞内的一幅浮雕石刻——帝后礼佛图，竟被打碎分成两部分，分别入藏到这两座博物馆中。纽约博物馆所收藏的名为"孝文帝礼佛图"，纳尔逊博物馆所收藏的名为"文昭皇太后礼佛图"。

龙门石窟位于洛阳市老城南 12.5 公里，伊水河两岸的山崖间。它与敦煌莫高窟、大同云冈石窟并为我国古代佛教三大宝库。从古代北魏迁都洛阳（494 年）开始开凿、雕刻，历经东魏、西魏、北齐、北周，直至隋唐，连续建造了 400 余年。直到今天，这里仍保存有窟龛 2345 座，石佛像 10 万余尊，碑刻题记 2800 多块，佛塔 40 余座。这里的石雕、造像不仅在风格上集中了中国佛教的各个宗派，在内容上还冲破宗教的羁绊，包容了多方面社会世俗生活。

我国北魏时期佛教盛行，龙门石窟中也以北魏石窟最为精美，文物价值最高。宾阳洞是北魏石窟的代表作，它一共包括三座洞窟，最初是为孝文帝和文昭皇后做"功德"而建造的，是孝文帝之子宣武帝元恪下令营造的"国家工程"。建造三洞一共用了 24 年，工程浩大、艰巨。在宾阳三洞中，中洞是最富丽堂皇的。它进深 12 米，宽 10.9 米，高 9.3 米，穹隆形的窟顶上，刻有一朵盛开的莲花。窟内除了矗立着数米高的数尊佛像外，石窟前壁入口两侧，还曾刻有四层浮雕。第一层是维摩变，第二层是佛本生故事，第三层左面就是孝文帝礼佛图，右侧就是文昭皇太后礼佛图。帝后礼佛图分别高 2 米，宽 4 米，浮雕分别以孝文帝和文昭皇太后为中心，周围簇拥着添香、执羽扇、擎宝盖、持莲花、捧香炉的男女侍从。人物形态生动，排列有序，为我国古代极为难得的石雕精品，同时也是龙门浮雕中最精美的两幅。可在 1934 年，它们却被打碎流失到美国。

这两件浮雕精品打碎流失到美国的过程，据当时亲手操办此事，长期在中国收集文物的美国人普爱伦，在他写的一本名为 Chinese Sculpture *in the metropolitan museum of art*（《大都会博物馆的中国雕塑》）的书中介绍：1933年至1934年间，这两件浮雕是一些中国人乘夜间蹚过半人多深的河水到龙门石窟内凿碎盗走的，这些人将碎片带到郑州卖给了古董商，古董商将碎石拼好后运到北京在古玩市场上出售。当时只有美国两家博物馆——纽约市艺术博物馆和纳尔逊博物馆在努力挽救它们。普爱伦还感叹道："就世界上一个民族如此伟大的文物来说，从来没有比这件事更可悲的了！"按他的说法，中国反倒应该感谢这位保护中国文物的普先生和美国两座博物馆。可帝后礼佛图流失美国的真正过程，却与普爱伦所说的正相反。这位盗窃敦煌莫高窟的美国人华尔纳的高徒，向全世界撒了弥天大谎。

"今普君买到彬记石头平纹人围屏像拾玖件，议定价洋一万四千元。该约定立之日为第一期，普君当即由彬记取走平像人头六件，作价洋四千元，

展出的帝后礼佛图

该款彬记刻已收到。至第二期，彬记应再交普君十三件之头，如彬记能可一次交齐，普君则再付彬记价款六千，如是，人头分二次交齐，而该六千价款，亦分二期付交，每次三千。至与（于）全部平像身子，如彬记能一次交齐，而普君再付彬记价款四千。如是，至与日后下存应交之货何年运下及长短时间，不能轨（规）定。倘该项目日后发生意外，即特种情形不能起运，则该合同即行作废，不再有效。……此合同以五年为限……在此五年内，如不能将货运齐，该约到期自行作废。"这是一份貌似普通商业买卖的合同，是1934年10月21日那位口称挽救帝后礼佛图的美国人普爱伦与北京彬记古玩商号老板岳彬所签订的。合同中的"平像人头""全部平像身子"，不是别的什么普通艺术品，而正是帝后礼佛图。宾阳洞帝后礼佛图被凿窃正是此二人策划于密室中的一个阴谋。一方是为获取中国文物已脱去"文明"外衣的窃贼，一方是见钱眼开的民族败类。

岳彬曾是旧中国北京古玩行专门与洋人做生意的大古玩商。岳彬于1896年生于北京通县张各庄，1910年进城到古玩铺学徒。学徒期间就常与在中国收购文物的法国人、日本人打交道。经过近十年的熏染，他不仅练就了较高的文物鉴定能力，更培养出阴险狡诈、唯利是图的恶习。他在羽毛丰满后，就在与东琉璃厂胡同相接的炭儿胡同开起了自己的彬记古玩铺。通过向洋人出售文物，他一度成为北京古玩业中最大、最富的一家。有多少中国古代珍品经他手中出境，连他自己也数不清。同样是在20世纪30年代，他曾以3万美金的价格，将一尊假的北魏时期的云冈石窟佛头卖给美国石油大王。后来，美国声称云冈石佛依然完整，以此佛头为赝品要求退货。岳彬为赖账，竟花了三千美金雇用当地军阀将原云冈石窟佛头凿毁，并对美国人说原佛头若在原处甘愿受罚，若不在则需为岳某人恢复名誉。

岳彬与普爱伦签订协议后，即雇用当时住在洛阳东关，人称"马聋子"的古玩商马龙图出面，勾结龙门石窟所在地的偃师县杨沟村的恶霸和王东立、王毛、王魁等土匪，用枪逼迫杨沟村的三名石匠，去凿窃帝后礼佛图。为了怕当地农民发现，这些人夜晚借着微弱的手电筒光亮对着岳彬提供的照片打凿，每次先打凿雕像头部，再凿其他部位。土匪们在四周持枪站岗放哨。每当他们装够一车后，就先从龙门运到洛阳城里马龙图家中藏匿。每回运送路途上，他们把石佛碎片放在车厢下层，表面装满石灰，遇有人问便说是进城卖石灰。就这样前前后后干了三年，巨大的浮雕帝后礼佛图被他们全部剔凿而去。浮雕碎块先运到了北京岳彬家，经确认无误后又运到了美国。至今，由支离破碎的碎块拼起的帝后礼佛图，仍在纽约大都会博物馆和纳尔逊博物馆展出。

中国有句古话：善有善报，恶有恶报，不是不报，时机未到。岳彬毁坏窃卖国家珍贵文物，最终受到惩罚。1953年，刘开渠、萧传玖等十位艺术家给《人民日报》写信揭发、控告岳彬的罪行。1954年岳彬锒铛入狱被判死刑，缓期两年执行。岳彬最终病死于狱中，家产也被没收。但是，龙门石窟宾阳洞浮雕，却成为永远的残缺艺术。

附记：

2000年，笔者赴美国参观了大都会博物馆、纳尔逊博物馆。大都会博物馆每天都接待大量来自世界各地的观众，以及有组织的美国本土中小学生参观。在中国展厅中，像帝后礼佛图这样来自中国的国宝级文物到处可见：大型西周青铜器、大型唐三彩、景德镇瓷器、明代黄花梨家具、唐宋元明清名家书法绘画，还有长15米、高7米的山西广胜寺《药师经变》壁画……难以尽数。

当年笔者初到堪萨斯时，最大的感受就是城市的宁静和人烟稀少。下午3点多钟，在城市街巷中开车走了一刻钟，街上没有看到一个人，偶尔才有一两辆车保持均速毫无声息地从对面驶过。博物馆主楼前有极宽大的

大都会博物馆

草坪，两个巨型的羽毛球雕塑斜立在草丛中。院中只有一位工人，蹲在草坪边缘，用手中小剪子细致地修剪着如茵的草坪。可走入博物馆内的中国艺术品展厅，这里的景象却如重锤般撞击人的心脏。这里展出着来自山西广胜寺的大型壁画、来自龙门石窟的大型浮雕——皇太后礼佛图。而这只是冰山一角，这里还收藏有五代时期寺院壁画、北宋名家书画、北魏石雕、唐三彩、明清官窑瓷器和硬木家具，博物馆收藏了近8000件套中国古代文物精品。

重点文物北魏太和造像
被盗毁的惊天大案

1999年2月，位于石景山区长安街西延长线上的北京市第一中级人民法院，引来了众多记者、文物爱好者。就在这一天，曾经轰动全国的珍贵文物北魏太和造像被盗案，正式开庭审理。公诉人出具了包括文物部门的文物鉴定书、照片、笔录等大量资料，指控被告人陈孟星、刘学如、王立强等人以非法占有为目的，结伙流窜到京，秘密窃取国家珍贵文物，并造成文物损坏，其行为均已构成盗窃罪。随着公诉人的指控，陈孟星等几名罪犯的面容，由蜡黄逐渐变为死灰，他们这时才预感到要面临灭顶之灾。

果然，北京市第一中级人民法院于1999年4月15日做出了一审判决：

被告人陈孟星犯盗窃罪，判处死刑，剥夺政治权利终身，并处没收个人全部财产；犯抢劫罪，判处有期徒刑十五年，剥夺政治权利三年，并处罚金人民币五千元；决定执行死刑，剥夺政治权利终身，并处没收个人全部财产。

被告人刘学如、王立强犯盗窃罪，分别被判处无期徒刑，剥夺政治权利终身，并处没收个人全部财产。

1999年9月6日，北京市第一中级人民法院遵照北京市高级人民法院签发的执行死刑命令，将盗窃国家一级文物北魏太和造像的盗窃犯、抢劫犯陈孟星验明正身，押赴刑场，执行枪决。

1999年3月，根据全国人大修订的《中华人民共和国刑法》规定，偷盗文物情节严重者，可以判决死刑。陈孟星成为新刑法实施后，首名因盗窃文物被判处死刑的罪犯。

那么陈孟星等人实施了怎样的犯罪？北魏太和造像又是什么样的文物呢？让我们回到一年前的3月，北京海淀区凤凰岭风景旅游区。

北京凤凰岭风景旅游区位于北京海淀区西北部山区。这里山峦平缓蜿蜒、林木丛密、山溪清澈，自古就是僧人逃遁尘世、修身养性的首选之地。山脚下的龙泉寺，2003年以后在中央领导的关照下，不断扩建，规模宏大，僧侣香客众多，并成为北京西郊地区一些大学内看破红尘的硕士、博士出家敬佛的首选之地。

受佛法影响，这里民风古朴，社会安定。北京市境内年代最久、文物价值最高、带有彩绘的石佛像——北魏太和造像，就曾一直供奉在山下村中一块台地上的方石亭中。佛像站立在一块一米多高的石雕莲花须弥座上，这座雕刻于南北朝时期北魏太和二十三年（499年）的佛像，在被盗时恰

北魏太和造像石亭像荒废的大殿

魏太和造像石亭前的甬道

凤凰岭车耳营村北魏佛像石亭

凤凰岭龙泉寺大门

好差一年 1500 岁。

佛像高 1.65 米，面部慈祥，两耳垂肩，坦胸赤足，斜披袈裟，长袖垂地。石佛像背后有 2.2 米高如屏风似的背光，上面浮雕出击鼓吹箫的伎乐侍从和环绕佛像的火焰纹、忍冬纹。整个石像构图均衡完美，线条流畅细腻，彩绘艳丽协调，雕刻手法高超。在佛像的背面，还浮雕有一共 12 排 124 尊大小不等的小佛像。

由于佛像所在海淀区苏家坨镇车耳营村中如今并没有寺院，这尊佛像是古代时从别的地方移来的，还是供奉石佛的寺院在古时已毁，至今无人知晓。但是，这尊佛像的出身极为高贵，在这座石佛像背面下方刻有造像记："太和十三年三月十五日阎惠端为皇帝太皇太后造像。"北魏太和十三年即 489 年，太和是北魏孝文帝的年号。

北魏孝文帝不仅是一个具有雄才伟略的政治家，当政时还大力促进鲜卑族与汉族以及其他民族的融合，保证了经济发展和社会稳定；同时他也十分崇尚佛教，是一个虔诚的佛教徒。

北魏时期是佛教在中国北方全面持续高速发展时期，山西大同云冈石窟、河南洛阳龙门石窟中的许多雕像都是那一时代的产物。海淀区车耳营村这座造像的主人阎惠端是孝文帝的祖母，公元 476 年尊为太皇太后，曾经有特权临朝听政。

也正是由于这座佛像高贵的出身、精美的雕刻艺术、丰富的历史内涵，1957 年 10 月 28 日，它与故宫、颐和园等 36 处文物古迹一起被北京市人民政府公布为北京市第一批文物保护单位。

以后的几十年中，一年四季不断地有香客来敬香礼佛，当地百姓也一直对它进行细心的照料。住所离佛像较近的村民姚志明一家，四代人一直义务看管佛像，几乎每天都打扫安置佛像的古亭。他们从未想过，在 1998 年 3 月，一场灾难逼近佛像和他们的家园。

龙泉寺见行堂

北魏太和造像铁说明牌

1998年，正是中国田野石刻被盗的高峰期，个别急于致富又好逸恶劳的农民和城市无业游民，都发现偷盗贩卖文物是一个快速发家的"好"路子。正所谓"要想富，盗文物，一夜就成万元户"。

陈孟星就是这支"偷盗大军"中的一员。他祖籍河北曲阳，这里的农民历代都靠石雕手艺和买卖石雕外出谋生。长期的接触，使他们对古代佛像也有了一定的了解和价值辨别能力，许多曲阳农民在改革开放后逐渐走上了富裕的道路。30多岁的陈孟星的心开始躁动了，但是他没有选择勤劳致富的道路，而是选择了一条罪恶的不归路。

1997年，陈孟星就曾伙同冯臭儿、曹社真等10余人，携带撬棍、倒链等作案工具乘一辆卡车，窜至山西省寿阳县羊头崖乡独堆村内，盗抢走了村内福海寺中的国家二级文物明代弥陀造像石碑一座，并藏匿在曹社真家中。这次盗窃得手，让陈孟星尝出了甜头。此后他不断地在全国各地流窜，寻找目标。

海淀区聂各庄乡附近有多个采石场，陈孟星的几个同乡在这里打工采石。当来到同乡这里串门儿闲逛的陈孟星听说这里保存了一尊古代石佛时，他的眼中闪现出贪婪的目光。经过几天的踩点，一个罪恶的计划在他心中产生。

1998年3月24日，他与同伙先从河北定州县租了一辆客货两用车，带着撬棍、木制手推车等作案工具，星夜开往北京。夜里两点多钟，他们七人将车停在车耳营村口，一人守车六个人推着小车悄悄来到北魏太和造像前。因为害怕遭报应，六个人先跪倒磕头，然后立刻开始了偷盗行为。

由于佛像有一吨多重，他们刚把佛像撬出须弥座，就因为没有扶稳，使佛像轰然倒下，摔断成五截。这声巨响，引起了村内一阵狗叫。几个人吓得几乎魂飞魄散，他们急忙丢下撬棍将佛像碎块用手推车拉到村外装上汽车，发疯似的往河北开去。他们也知道天一亮就可能会有警察堵截，他们到曲阳附近的新乐县后，狡诈地又将佛像转入一辆拖拉机中，上面盖满了沙子，最终将佛像拉到所居住的村中，埋入陈孟星家中后院。就在他们几个以为万事大吉，开始做发财梦时，法网已经张开。

就在第二天早上，守佛人姚志明的妻子来到放置佛像的石屋门前，发现门被打开，里面的石佛也不见了踪影。她几乎瘫倒在地上，赶忙和丈夫一起报警。

当警察和北京市文物局的领导赶来时，姚志明几乎泣不成声。此案受到了北京市委、市政府的高度重视。北京市公安局遣派市刑警大队的精兵强将组成了专案组。刑警们发下誓言，一定要侦破此案。以后的几天内，他们开始了紧张的走访、调查、分析工作。他一共走访了上千人，排查二百多辆汽车。

功夫不负有心人，一位姓黄的村民说他当天夜里看到一辆河北牌照的客货两用车，停在车耳营村附近的马路上。调查附近采石场的民警也得到信息，有几个曲阳人曾在这里打工和暂住过。公安干警经过分析，怀疑重点锁定了河北曲阳县。刑警们认为，当务之急是不能让罪犯出售佛像，更不能让佛像流失海外。刑警队副队长王毅带领几名侦察员立刻赶赴曲阳，大造声势，震慑罪犯，使其不敢轻易倒卖佛像。天津、大连、秦皇岛等港口也加大海关检查力度。

与此同时，刑警们扮成买石像的商人，在曲阳比较著名的买卖石雕像的阳平镇、底村、南故张村等地寻找佛像的蛛丝马迹，并混迹于当地古旧石雕买卖的大户中了解情况。在曲阳县，从事石雕生意的人都知晓，北京来人要找大佛。经过对罪犯三个月的威慑和利诱，专案组的刑警们认为，可以引蛇出洞了。他们大造舆论，北京来找佛的人走了，耗不起时间了。

实际上他们的工作由明转暗。终于，到了9月份，刑警们得到线索，有人要以10万元的价格，出手一尊破碎的石佛像。9月29日，在河北省当地公安干警的配合下，陈孟星、刘学如、王立强三名罪犯被一举抓获，并在曲阳县阳平乡村中起获佛像。

1998年9月29日，北京市公安局刑侦处副处长阎伟、刑侦处二大队大队长腾浩，带着已被摔成5块的"北魏太和造像"从河北曲阳胜利返回北京，北魏太和造像被盗窃案宣告侦破。

石佛被拉回北京后，北京市文物局立刻请吴梦麟等几位专家鉴定"会诊"。专家们一致认为，佛像可以完整地拼接起来，可基本恢复昔日原貌；但是，由于在土中埋藏时间太长，彩绘矿物质原料已受侵蚀、氧化，色彩将永不复昔日之艳丽、清晰。佛像已不宜存放在没有起码安全防护措施的车耳营村。根据专家意见，北京市文物局决定将北魏太和造像暂时入藏北京石刻艺术博物馆，由该馆组织专家修复。

2004年，位于西郊古刹五塔寺内的北京石刻艺术博物馆完成了后罩楼的建设工程，并开辟为展室展示北京古代石刻艺术，修复后的北魏太和

重点文物北魏太和造像被盗毁的惊天大案　137

北魏太和造像

北魏太和造像说明牌

造像在这里重新展现出其昔日风采。

2005年12月16日,首都博物馆举办了建成典礼,北魏太和造像被陈列在该馆五层佛造像展厅中最显要的位置迎接观众。

附记:

2005年6月,北魏太和造像案的另一名案犯,已40岁的刘文轻,在逃亡六年后被公安部门抓获;同年12月,被北京市第一中级人民法院以盗窃罪判处无期徒刑。而刘文轻当时参与此事时,仅是为了5000元的"干活费"。

我国自清代末期就有大量北魏时期的石雕佛像、浮雕,被偷盗倒卖到欧洲、美国、日本。例如:北魏太安元年(455年)张永造石佛坐像,现藏日本京都藤井有邻馆。北魏天安元年(466年)冯受受造石佛坐像,现藏日本大阪市立美术馆。北魏太和十三年(489年)定州赵氏一族造定光佛立像,现藏美国大都会艺术博物馆。北魏太和二十三年(499年)比丘僧欣造弥勒三尊立像,现藏于美国克利夫兰艺术博物馆。

河北涿县永乐村东禅寺十六国北燕桓氏一族供养石佛立像,现藏日本大仓集古馆。北魏太和十八年(494年)尹受国造石佛坐像,现藏于美国堪萨斯市纳尔逊博物馆。北魏太和八年(484年)杨僧昌造佛坐像,现藏于美国哈佛大学福格艺术博物馆。

根据2011年2月通过的《中华人民共和国刑法修正案（八）》第四十五条，取消了盗掘文物犯罪的死刑条款。将刑法第三百二十八条第一款修改为："盗掘具有历史、艺术、科学价值的古文化遗址、古墓葬的，处三年以上十年以下有期徒刑，并处罚金；情节较轻的，处三年以下有期徒刑、拘役或者管制，并处罚金；有下列情形之一的，处十年以上有期徒刑或者无期徒刑，并处罚金或者没收财产：（一）盗掘确定为全国重点文物保护单位和省级文物保护单位的古文化遗址、古墓葬的；（二）盗掘古文化遗址、古墓葬集团的首要分子；（三）多次盗掘古文化遗址、古墓葬的；（四）盗掘古文化遗址、古墓葬，并盗窃珍贵文物或者造成珍贵文物严重破坏的。"该修正案于2011年5月1日起正式施行。

张伯驹夫妇卖房产当首饰
抢购《展子虔游春图》

  谈起中国历史，三国两晋南北朝是一段战争不断、地方割据与吞并不断的动荡时期，也是北方游牧文明与南方农耕文明不断融合、互补的时期，文化艺术也由此不断融合、创新、发展的时期。这一时期为隋唐文化艺术的空前繁荣奠定了基础。在中国现存的绘画长卷中，保存有一幅隋代绢本绘画《展子虔游春图》正是最好例证。这幅画也是中国现存于世年代最久的国画珍品，至今已保存了1400余年。

该画的作者展子虔，早年生活在中国北方，历经了短命的北齐、北周王朝。他自小聪颖，天赋极高，可在战乱纷争的年代无所适从，只得以绘画抒发情怀、维持生计。北方的崇山峻岭、骏马游子都涌入他的笔端，作品为世人所追捧。古人评论他"写江山远近之势尤工，有咫尺千里之趣"。被后人公认为我国唐以前四大画家之一。

公元 581 年，杨坚建立隋朝，结束地方割据的局面，并锐意改革，稳定政治，发展经济文化，招揽人才。声名远播的展子虔在隋朝初年被招入都城长安，成为宫廷画师，官拜朝散大夫和帐内都督。从这两个官职的名称就能品味出来，都是文官闲职，没有什么实质性职权，展子虔依旧是每日里写生作画。优越待遇和良好的艺术氛围——能够与来自各地的画家交流、查阅皇家典籍、扩大朋友圈，使他的画技大涨，绘画内容不断拓宽，最终创作出一幅传世的经典之作——《游春图》。

由于是宫廷画家，《游春图》当初是绘画在雪白细腻的皇家御用丝绢上。画长 80.5 厘米，高 43 厘米，画面描绘了贵族们在春天到郊外踏青游玩的情景。画面右侧青山苍翠、叶绿花红。山顶白云浮动，山间古刹掩映，山下小桥流水，仕女在草地中信马由缰。画面中心湖水烟波浩渺，一叶轻舟满载盛装男女荡漾其间。画面左侧的湖对岸，有驻足观望的文人骚客，与上述情景若即若离，也许正是画家本人。画面春意扑面、春趣盎然，不仅可引起观画的赞叹、羡慕，也可唤起无限的遐想。

此画以青绿勾填法描绘了山川树木不加皴折，"始开青绿山水之源""可谓唐画之祖"，使中国山水画进入了"青绿重彩，工细巧整"的新阶段。更为独特的是，画中山间小径、石纹等处，用金泥勾勒线条，彰显出绘画的皇家气象，也在绘画史上被称为中国金碧山水画的鼻祖。

《游春图》自诞生后就被皇家贵族所珍爱，一直辗转于皇宫和权贵之间。到了宋代更是数个朝代间始终被视作国宝收藏在皇宫，宋徽宗还在画

展子虔游春图（故宫博物院提供）

上题写《展子虔游春图》之名。到了1127年，金兵攻入北宋都城开封，皇宫珍宝一部分被掠走，一部分流落民间，《游春图》也未逃脱此命运。直到南宋政权相对稳固后，此画才被南宋皇帝从民间找回，重新入藏皇宫。南宋灭亡后到了元代，宝图又几经辗转被元朝大长公主得到。大长公主为元武宗孛儿只斤·海山的妹妹，她十分喜爱汉文化和古代书画。皇帝赐封她为"皇妹鲁国大长公主"。曾担任国史院编修官的元朝人袁桷，编修过《鲁国大长公主书画记》一书，介绍她的收藏。她得到《游春图》后特地钤盖上了自己的"皇姊图书"朱文大印，还请文人雅士观赏，题诗作记。元代书法家、官拜平章政事的张珪在画后题诗："东风一样翠红新，绿水青山又可人；料得春山更深处，仙源初不限红尘。"诗歌又道出此画隐含的另一番意境。奉大长公主之命，另一位文人赵岩（宋代丞相赵葵后人）也曾在画后题诗："暖春吹浪生鱼鳞，画图仿佛西湖春。锦鞯诗人两相逐，碧山桃杏霞初匀。粉阶朱槛眼欲醉,垂杨浅试修蛾鬟。人间原自有蓬岛,仙源之说原非真。危楼凌空路欲转,飞流直下烟迷津。画船亦有诗兴好,娟娟未必非梁尘。两翁隔水俯晴渌,韶光似酒融芳晨。望中白云无变态,我欲乘风听松濑。落风出洞岂世知,瑶池池上春千载。"通过此诗也可得知,元代时《游春图》的色彩仍十分艳丽。

元以后到了明代,《游春图》曾一度被翰林学士韩存良收藏。韩存良"平生别无嗜好,绝意求田间余事,俸薪所入,悉市宝幸"。他还是明代书画家董其昌的老师,董其昌由此也在画后题了跋。但韩存良的儿子却没有继承父亲儒雅的爱好,将父亲的收藏大部分给卖掉了。到了清代,《游春图》再次被从民间收进了皇宫。每朝每代都是上有所好,下必从之,皇家喜好古代书画,自然有大臣上贡。

酷爱古代书画的乾隆帝,对《游春图》更是珍爱有加,仿照古人在画上不断的题诗、钤印。可平心而论,他的几方印章全都盖在画面上,严重破坏了画面的整体美感。

此画此后直到1914年清朝最后一个皇帝溥仪离开故宫前,一直未出紫禁城。1912年,溥仪虽宣布退位,但是,他并没有离开紫禁城。皇宫国库中的部分珍宝、古代书画成了他的偷盗对象,不断私下里往他父亲的醇亲王府邸搬运,常向弟弟溥杰赏赐。1932年4月,溥仪跑到吉林省长春做起了伪皇帝。那些已搬运出宫的、他认为最值钱的部分珍宝、书画(包括《游春图》)也被他从天津的居所转运到长春。然而好梦不长,1945年抗日战争胜利,溥仪匆忙驾车出逃,没有来得及"照顾""处理"他的那些珍宝。国民党军队占领长春市后,许多伪皇宫内的珍宝遭到了厄运。伪皇宫内存放书画的地方被称为"小白楼",此时它已成为兵匪们偷盗的重点目标。里面保存的文物,相当一部分被国民党兵偷走卖掉,《游春图》就是其中之一。那时,全国各地及世界上的大古董商们全都云集长春,抢购"东

溥仪长春伪皇宫

溥仪从长春出逃时使用的汽车

北货"。1946年，北京琉璃厂古董商穆蟠忱来到长春收购"东北货"，在地摊上偶然遇到已落魄的生意伙伴，通过这位朋友当内线，冒险买到了被偷盗出来的《游春图》。那时去东北"扫货"的古董商，都抱着"富贵险中求"的心态，大家都知道那些文物来路不正，某些持宝人也不是善茬，假货更是"满天飞"。

买入此幅巨作，穆蟠忱一人独立难撑，他拉了琉璃厂马霁川、冯湛等大古董商入伙。入股合伙买卖价格较高的文物"大件"，是琉璃厂古玩行内常有的事。这样可以快速凑齐货款和扩大销售渠道。此画到手后，几个人又拉入交情深厚、交际甚广的古董商李卿卓入伙。

《游春图》1946年重回京城后，寻找买家的任务主要由马霁川、李卿卓负责。当时，许多"东北货"从琉璃厂辗转流失到了国外。许多收藏家、爱国人士怕马霁川也将《游春图》卖给外国人，赶忙找他商购。文学家沈从文先生当时正筹办北京大学博物馆，几次找马霁川求购，但终因价格谈不拢而未成。那一时期几乎所有的博物馆都没有较充足的经费征集文物。国画大师张大千听到消息后，也急忙从上海飞到北京，想凭借昔日的交情优惠购买。马霁川是民国时期著名的裱画高手，张大千的许多绘画都在他开设的玉池山房装裱。可前文说了，《游春图》由多人合股购买，马霁川也怕给张大千降价引起合伙人误解，仍未降价出售。国宝《游春图》可能会流失到海外之事，虽然谁也未挑明，可是可能性却是越来越大，终于惊动了一位重量级人物——具有强烈爱国心的大收藏家张伯驹。

张伯驹是中国近现代文化界一位传奇的人物。他于光绪二十四年（1898年）出生于河南省项城。张家是项城数一数二的富豪。他的大伯张镇芳曾在清朝担任过长芦盐运使（长芦为现在的河北沧州，此官职的职权主要是管理河北、天津渤海湾一带的盐业生产、经营、运输等），署理直隶总督（署理即为临时代理）。6岁时张伯驹便过继给大伯，并从项城来到天津。张伯驹自幼聪慧过人，又有高水平的私教登门一对一辅导，各门学业都极佳。1913年，袁世凯任中华民国第一任大总统，作为同乡且并有联姻关系的张镇芳被任命为河南都督。张镇芳还创办了盐业银行，自任总经理，家资丰厚。

1916年，张伯驹在"父亲"安排下考入袁世凯开办的军校骑科学习，毕业后任安徽蚌埠安武军全军营务处提调。但是，张伯驹十分厌恶旧官场尔虞我诈的生活，没几年便辞官回家专心国学，诗词歌赋、书画戏曲都有所大成。父亲去世后，在母亲恳求下他又出任盐业银行董事兼总稽核之职，为家族企业尽一份力。可他的志向仍不在此，大多数时间里仍是写诗填词，跟一些京剧名家学唱京剧。

20世纪30年代，张伯驹为盐业银行的事务经常到上海出差，在宾馆中认识了演奏琵琶的潘素（原名潘白琴），才貌双全的潘素打动了张伯驹的心。经过几年的密切交往，并经历了极为惊险的生死考验，二人正式结为夫妇（张伯驹曾被土匪绑架数十天，潘素想尽一切办法，散尽家财营救）。这期间，张伯驹还为潘素请了一位名叫朱德甫的画家教授潘素学习国画。由于潘素悟性较高又勤奋好学，画技进展极快。夫妇二人在一起的大多数时间，都是探讨艺术，弹琴作画，填词作赋。婚后不久，二人回到北平老宅，与张伯驹的母亲住在一起。

由于张伯驹喜爱中国传统文化，又加之北平盐业银行位于前门外西河沿，与琉璃厂相临，张伯驹逐渐喜欢上逛琉璃厂，观赏、购买一些中国古代文物，并逐渐成为一位大收藏家。他与琉璃厂的一些古董商也发展为朋友，大家都知道，"张大爷"是真正的藏家，而且十分爱国，购买文物更多的目的是把国宝留在中国，留给子孙后代。

当古玩行的朋友把《游春图》的消息透露给张伯驹后，他当即找到马霁川，可高昂的价格让刚买完另一件国宝的张伯驹一时十分为难，无功而返。可是，为了把这一稀世珍宝留在国内，张伯驹不愿轻易认输放手。他采取了迂回战术，又找到了琉璃厂古董行的老朋友马宝山，请他帮助说合斡旋。马宝山自幼在琉璃厂打工，勤快聪明，练就了识别古代书画的眼力，年轻时就独立出来自己开铺面。他被张伯驹先生的爱国热情所打动，而且，马宝山自己也有一颗爱国心，后来还成为中共北平地下党组织的"交通员"。

马宝山找到《游春图》合伙人之一、好友李卿卓，多次晓之以理、动之以情。李卿卓又数次与其他几位合伙人商议，最终大家一致同意，以200两黄金的较低价格，把《游春图》卖给张伯驹。可对于张伯驹来说，要凑齐这一笔钱仍是难上加难。他把家里全部的现金、存款全加上仍未凑齐，他下狠心又把自己名下的一处房产卖掉，可资金仍有缺口。与他心心相印的妻子潘素，看着丈夫心急如焚的样子，又一次大义凛然挺身而出，私自外出把自己的首饰全部当掉，换成金条交给丈夫。

在交割的那一天，作为中间人马宝山也出席了，精明的古玩商们还找来了一位可以当场测试金条纯度的专家。张伯驹拿来的每根金条都被这位专家在试金石上擦一下。那位专家说有几根不纯，只凑够足金一百三十余两。这些金条有卖房得来的、有卖首饰得来的，已经无法说清来源。但是，一旦当日无法交割，宝图不知明日又会产生何种状况。作为有地位的大人物和文人，张伯驹不好当场质疑那位黄金鉴定专家，更未怀疑商人们"作局"。在这左右为难之时，老练的马宝山出面打圆场，他建议《游春图》还是让张伯驹先带走，同时让张伯驹写张欠条，过一段时间把剩下七十两黄金补上。双方都同意了此方案。张伯驹先生十分守信用，有了一些收入积蓄后就补交画款，在1949年前，又补交了四十余两黄金。

张伯驹得到此国宝后万分高兴，把自己海淀区的原"承泽园"居所，改名叫"展春园"。他还给自己起了个别号"游春主人"。夫人潘素也是十分喜爱《游春图》，每日不停地临摹，她和女儿张传彩也由此成为了金碧山水画的大家，她们临摹的《游春图》在新中国成立后，也成为国礼。

新中国成立后，人民成了国家的主人，张伯驹先生毅然将《游春图》捐献给国家，被收藏在故宫博物院中，《游春图》才有了最终的归宿。

附记：

笔者曾于20纪90年代末采访过马宝山先生和张伯驹的女儿张传彩先生、女婿楼宇栋先生。张传彩先生说："一般家庭难以学画金碧山水。这画中的金色线条，都是细笔醮纯色的金泥所画，需要有经济实力支撑。"

悲鸿生命
——《八十七神仙卷》

  古今中外，文物艺术品收藏大多是在衣食住行得到较好的满足后，用以陶冶情操、愉悦情怀，体现自身价值与品味的一种少有人涉足的业余爱好。拥有一两件三五件、几十件上百件珍贵古玩字画，无论呈于厅堂还是藏于秘室，无论朋友相聚一展真容还是无人时把玩细品，都能给收藏者带来极大的精神满足。当然，如遇到收藏品价格高升或是经济上偶遇拮据，还可以转让换来真金白银。由于古玩艺术品高昂的价格，一般大收藏家也

八十七神仙卷（唐吴道子）

都只能是家财万贯的殷实之人。可中国现当代收藏界有一位奇人，收藏了上千件国宝级文物，他一生中多次陷入贫困潦倒的境地，可却从不割爱出售任何一件自己的收藏品。更有甚者，在遇到心仪之物时，不惜典当举债而势在必得。在他逝世后，其夫人按其遗愿将其所绘画的一千二百件作品和他收藏的一千余件古今中外绘画珍品捐赠给了国家。他就是伟大的爱国主义画家、美术教育家徐悲鸿。在这些捐献的作品中，既有徐悲鸿本人创作的《愚公移山》《田横五百士》等主题性油画巨作，也有他收藏的唐宋元明清名家绘画真迹。为了展示这些作品，北京市政府两次出巨资建设徐悲鸿纪念馆，并聘任徐悲鸿夫人廖静文女士担任馆长。

由于徐悲鸿纪念馆隶属于北京市文物局，笔者恰好同时期也在北京市文物局工作，有幸多次聆听和专门请教廖馆长讲述徐悲鸿文物收藏中遗闻逸事。许多故事今日回想起来都令人唏嘘。而其中最令人难忘的故事是徐悲鸿与唐代名画《八十七神仙卷》的一段奇缘。

《八十七神仙卷》是唐代"画圣"吴道子的真迹。为纸本白描人物手卷。画面中八十七位神仙列队前行，仪仗气派，衣饰华丽，神情庄重。武将持剑开路，乐女吹箫弹琴，鼓乐齐鸣。由于吴道子的绘画注重线条变化，给人以力量和灵动的美感，画中人物的衣带都飘然若飞，人们称赞他为"吴带当风"。后人评论他："凡画人物、佛像、禽兽、山水、台阁、草木，皆冠绝于世。"此画为仅存于世的几幅唐朝绘画中的佼佼者，绝对可以称得上价值连城！

徐悲鸿初次偶遇此画还是在1937年，他在香港举办画展时。那时他已是从法国留学多年归来学贯中西的大画家。有一天作家许地山夫妇来找徐悲鸿，告知有一位马上要回国的德国老太太托许夫人协助出售一批其父亲收藏的字画。徐悲鸿一听到字画就坐不住，马上就跟他们来到这位德国老太太家。当时一共有四大箱子，在前两箱中徐悲鸿只挑出两三幅比较满意的书画。可打开第三箱时，他一下子惊呆了。他看到一幅很长的手卷，上面画了87位神态各异、列队前行的神仙。经过仔细观摩，凭着自己高超的鉴赏力，徐悲鸿认定这是唐人巨作。他马上对老夫人说："别的画我都不要了，就要这一幅。"无论旁边的人怎么劝说他都毫不动摇。他深知如此真迹一生可能只会偶遇一次，而且若要收入囊中，他必定会"倾家荡产"。经过反复协商，他们最终谈妥价格一万元。由于手中没有那么多现金，徐悲鸿用家中的全部积蓄再加上他的七幅绘画精品才最终换回此画。这幅画作已在世上流传了一千多年，能遇到并买到手实在是个奇迹。徐悲鸿到家后，特地请人镌刻一枚"悲鸿生命"的印章钤盖画上。他写诗并题跋表达自己的心情。题跋云："此诚骨董所谓生坑杰作，但后段似为人割云，故又不似生坑，吾友盛成见之，谓其画若公孙大娘舞剑，要如陆机、梁魏行文，无意不宣而辞采娴雅，从容中道。倘非画圣，孰能与于斯乎？吾于廿六年五月为香港大学之展，许地山兄邀观德人某君遗藏，余惊见此，因商购致。流亡之宝，重为赎身，仰世界所存中国画人物，无出其右，允深自庆幸也。古今画家才力足以作此者，当不过五六人，吴道玄、阎立本、周昉、周文矩、李公麟等是也。但传世之作如《帝王像》平平耳，天王像称吴生笔，厚诬无疑，而李伯时如此大名，未见其神品也。世之最重在世巨迹，应推此人。史笃葛莱藏之《醉道图》可以颉颃欧洲最高贵之名作，其外虽顾恺之《史女箴》有历史价值而已。其近窄远宽之床,实贻讥大雅。胡少石兄定此为道家《三官图》,前后凡八十七人,尽雍容华妙,比例相称,动作变化。虚阑干平板,护双以行云,余若旌幡明器、冠带环佩,无一懈笔,游行自在。吴友张大千欲定为吴生粉本,良有见地。以其失名,而其重要性如是,故吾辄欲比之为巴尔堆农浮雕,虽上下一千二百年,实许相提并论,因其惊心动魄之程度,曾不稍弱也。吴道玄在中国美术史上地位,与菲狄亚斯(雅典卫城设计者)在古希腊相埒。二人皆绝代销魂,当时皆著作等身,而其无一确切之作品以遗吾人,又相似也。虽然,倘此卷从此而显,若巴尔堆农雕刻裨益吾人,想像菲狄亚斯天才无尽无穷者,则向日虚无缥缈复绝,百代吴道子之画艺,必于是增其不朽,可断言也。

为素描一卷,美妙已如是,则其庄严典丽,煌耀焕烂之群神,应菲狄亚斯之上帝,安推挪同其光烈也。以是玄想,又及达·芬奇之伦敦美术之素描,安娜与拉裴米兰之雅典派稿,是又其后辈也。呜呼!张九韶于云中,奋神灵之逸响,醉予兮魂,愿化飞尘直上,跋扈太空,忘形冥漠,至美飙举,盈盈天际,其永不坠耶,必乘时而涌现耶!

不佞区区,典守兹图,天与殊遇,受宠若惊,敬祷群神,与世太平,与我福绥,心满意足,永无憾矣。

廿六年七月悲鸿,欢喜赞叹题竟并书一绝:得见神仙一面难,况与侣伴尽情看。人生总是荠菲味,换到金丹凡骨安。

八十七神仙卷高三十公寸,长二公尺八十八公寸。卷上端亦经割损三四公寸矣,所以称残卷。

武卷,据罗岸觉先生跋,为权社局尺。长二丈三尺八寸,高一尺八寸三分云。"

在徐悲鸿的心中,此画与古希腊的艺术珍品、与达·芬奇、拉斐尔的画作都是同等价值的。在以后的战争岁月里,国内外四处颠沛流离售画筹

立马(徐悲鸿)

八十七神仙卷局部

徐悲鸿故居标识牌

重庆徐悲鸿故居（一层右侧第一间）

原重庆大学礼堂,徐悲鸿曾在此讲座

款救国的徐悲鸿，无论走到哪里此画都寸步不离。可即使这样，在那个特殊的年代，灾难仍然不期而遇。

1942年初，徐悲鸿在新加坡办完义展后坐船绕道缅甸从云南进境回到祖国。4月份，应云南大学校长熊庆来邀请，来到云南大学讲学创作，居住在大学内的"映秋院"。当时的云南，经常有日军敌机入侵轰炸。6月上旬的一天，校园内又响起了急迫刺耳的防空警报，徐悲鸿被迫与其他师生一起离开宿舍躲进山洞。待警报解除后徐悲鸿回到宿舍时，发现屋门大开。更让他五雷轰顶的是，他最心爱的《八十七神仙卷》被盗走！此事对徐悲鸿打击巨大，好几天吃不下睡不着，患上高血压症，还留下病根。对丢失国宝他追悔自责："想象方壶碧海沉，帝心凄切痛何深。相如能任连城璧，愧此须眉负此身。"诗词大意为：《八十七神仙卷》丢失自己万分痛苦，古人蔺相如能为国家保住国宝和氏璧，而自己却未能保护好宝图，相互对照自己万分惭愧。在以后的日子里，《八十七神仙卷》如同一块巨石压在徐悲鸿的心头。

也许是他的日思夜想感动了上帝。1944年5月，徐悲鸿突然接到以前艺术系毕业生卢荫寰从成都寄来的一封信，信中说他在一位素不相识的朋友家中见到一幅古画，应该是《八十七神仙卷》！徐悲鸿当年教学时，常拿这幅画的高清照片让学生们临摹，学生们都听他讲过丢失国宝的过程。徐悲鸿接到这封信后兴奋异常，决定马上就去成都。可周围的朋友都劝他别去，怕他亲自去后，人家或是藏匿起来或毁掉，他可能无功而返。经大家商量，最后决定让一位善于交际、人称"刘将军"的朋友前去打探接洽。"刘将军"去之前，徐悲鸿一再叮嘱，只要画在，什么条件都好商量。"刘将军"到成都后来信说，绘画仍在，确实是《八十七神仙卷》，不过需要一大笔钱。徐悲鸿又一次倾其全部积蓄，先寄了20万元，又连续几天新画了一批作品全部寄了过去，才最终使宝图完璧归赵。这幅画重新被买回来后发现，画上"悲鸿生命"的印章已被挖去。

徐悲鸿为这件国宝两次倾其全部积蓄，并搭上多幅绘画！徐悲鸿购买完《八十七神仙卷》后，生活又陷入极度贫困中。他当时租住在重庆磐溪，房屋四处漏风，早餐常常是在从住所到重庆大学的路上买个红薯充饥。本来就身体未调养好的徐悲鸿，还日夜操劳，借用朋友的别墅——石家花园，筹备成立中国美术学院以便开展美术研究。在他最终染上重病时，竟无钱买药、住院，只能在家中吃中药慢慢调理。可抗战期间，他依靠义卖支援抗战捐款就将近十万美金！

1948年，徐先生来到北京任北平艺专校长，经济开始好转一些，他马上又请书画装裱名家刘金涛重新装裱此画，并在9月中旬邀请来到自家"蜀葵花屋"做客的张大千、谢稚柳两位大师对这幅巨作进行鉴定。当时在场的还有徐悲鸿夫人廖静文女士、张大千夫人徐雯波女士、画家糜耕云、叶浅予。两位大师经过与张大千携带来的《韩熙载夜宴图》比较，都确认是真迹无疑，并在画后题跋。大千先生题跋写道："悲鸿兄所藏《八十七神仙卷》，十二年前，予获观于白门，当时咨嗟叹赏。以为非唐人不能为，悲鸿何幸得此至宝！抗战既起，予自故都避难还蜀，因为敦煌之行，揣摩石室六朝隋唐之笔，则悲鸿所收画卷，乃与晚唐壁画同风，予昔所言，益足征信。曩岁，予又收得顾闳中《韩熙载夜宴图》，雍容华贵，粉笔纷披，悲鸿所收藏者为白描，事出道教，所谓《朝元仙杖》者，北宋武宗元之作实滥觞于此。盖并世所画唐代人物，唯此两卷，各尽其妙，悲鸿与予得宝其迹，天壤之间，欣快之事，宁有过于此者耶。"

张大千说他以前在南京见过此画，当时就非常惊叹。将《八十七神仙卷》与敦煌壁画比较，此卷确为唐代人所画。世上流传的北宋画家武宗元所画，与此图构图完全一样的《朝元仙杖图》，应是《八十七神仙卷》的临摹作品。

谢稚柳先生在跋中写道:"悲鸿兄所藏《八十七神仙卷》,十二年前见之于白门,旋悲鸿携往海外,乍归国门,骤失于昆明,大索不获,悲鸿每为之道及,以为性命可轻,此图不可复得。越一载,不期复得之于成都,故物重归,出自意表,谢傅折屦,良喻其情。此卷初不为人所知,先是广东有号吴道子《朝元仙杖图》,松雪题谓是北宋时武宗元所为,其物布置与此卷了无差异,以彼视此,实为滥觞。曩岁,予过敦煌,观于石室,揣摩六朝唐宋之迹,于晚唐之作,行笔纤茂,神理清华,则此卷颇与之吻合。又予尝见宋人摹周文矩宫中图,风神流派质之此卷,波澜莫工,固知为晚唐之鸿裁,实宋人之宗师也。并世所传先迹,论人物如顾恺之女史箴、阎立本列帝图,并是摹本,盖中唐以前画,舍石室外,无复存者,以予所见,宋以前惟顾闳中夜宴图与此卷,并为稀世宝,悲鸿守之,比诸天球,河图至宝,是宝良足永其遐年矣。"

谢稚柳先生也通过把《八十七神仙卷》与敦煌壁画和世上流传的其他几幅唐代绘画的比较,得出其为唐代真迹的结论。

故事到此,按理说《八十七神仙卷》不会再有什么变故了。可历史往往是无情的。20世纪七十年代初,位于北京附近的徐悲鸿故居因要建设地铁计划拆除。有些人也要把他收藏的书画销毁。

如何能保住这些祖国的珍宝呢?足智多谋的廖静文女士经过冥思苦想,终于想出一个极为巧妙的"借东风"之计。原来,周总理的侄女周秉宜当时与廖静文的孩子是同学,有时会到廖静文女士家里借阅图书。徐悲鸿收藏的一万余册图书,都捐献出来保存在故居中。廖静文女士写了一封信,托周秉宜带给周总理,说明故居所藏文物面临着危险。这封信引起周总理的高度重视。

没过几天,在廖静文女士还不知情的情况下,几辆军用大卡车开到故居门前,解放军战士出示了证明,便将文物全部拉走。这些文物在周总理的安排下，存入了当时全中国最安全的地方：故宫博物院！

2017年，笔者担任徐悲鸿纪念馆法人代表兼党支部书记，有幸见到周秉宜先生，又听老人家讲述了一遍这件事的曲折经历。

"文化大革命"结束后，在党中央的指示下，北京市委市政府大力开展徐悲鸿纪念馆选址建设工作。经过反复寻找，发现在新街口北大街有大片私人宅院和花园，隶属于种养菊花的名家刘契园先生。这块土地上建筑少，又位于北京旧城内，十分难得。经过协商，深明大义的刘契园先生只要求了很低的补偿就将此地转让给国家，得以使徐悲鸿纪念馆于1983年在此处落成并开放。《八十七神仙卷》也终于有了稳定的归宿并向社会展现真容。

附记：

据廖静文馆长讲，徐悲鸿生前常说这样一句话：每一个人的一生都应当给后代人留下一些有益的东西。他每次买那些古画时都说，他是为了我们的国家而保存这些作品的，他是怕它们流失到国外去。徐悲鸿收藏的《梅妃写真图》是明代大画家仇英的真迹，它是新中国成立后在一位方先生家中买的。当时是徐悲鸿和廖静文一起去的。在徐悲鸿到之前，已有一位外国大使看上这幅画了，正在往下压价。悲鸿仔细看了一下画面，就把方先生轻唤了过来，告诉他自己愿意按原价格一分不少地购买。结果硬是借钱从外国人手中夺回了这件国宝。

徐悲鸿的这些收藏，他从来就没有把它们只是看成私有财产，他认为他的作品和收藏最终还应该属于人民。徐悲鸿是中央美术学院的第一任院长，美院附中的校舍也是徐悲鸿捐献的。

《八十七神仙卷》在艺术上是举世无双的，是中华民族灿烂文化的绝妙之笔。1990年北京举办亚运会，国际会议中心一楼大厅浮雕设计图，需要能在世界人民面前代表中国的伟大的艺术，又能展示出我们中国博大的胸

作者与当地向导在重庆徐悲鸿故居旁

怀和热情,承担任务的罗工柳大师最终选定《八十七神仙卷》……

徐悲鸿纪念馆内,有一部分油画藏品至今打不开。抗战期间,徐先生为了这些画作不落入日军手中,卷起来将之藏在山洞中、水井里。这些画作虽然也保存下来,但是由于受潮全黏在了一起……

徐悲鸿还有一些油画在近几十年的保存过程中受潮,也打不开了,包括他晚年创作的巨幅油画《毛主席在人民心中》……

《八十七神仙卷》真迹,由于年代悠久,为了保护平时都是保存于徐悲鸿纪念馆地下恒湿恒温库房中,只有在举办特殊庆典时,才对观众展示。

天各一方的昭陵六骏

  陕西省西安、咸阳地区,位于八百里秦川腹地关中平原;北有陕北高原,南有秦岭,四周山川拱卫、河流环绕。优越的地理环境,加上肥沃的土地、温和的气候,使这里成为中华民族发祥地之一,并在古代曾有相当长的一段时期是我国的政治、经济、文化中心。公元前11世纪周武王在此建立西周都城镐京,公元前350年秦孝公建都咸阳,并作为都城一直沿续到西汉。以后到了隋唐时期,长安又成为都城。宫城内殿宇高耸,皇城内衙署林立，市井中街道纵横规整，各种店铺鳞次栉比。唐朝是我国古代经济、文化、国际交往都高度发达繁荣的一个时期，其文明程度在当时处于世界前列。欧洲、西亚的商旅通过丝绸之路到长安进行贸易，日本派遣唐使到长安学习文字、儒学、佛学。发达的经济不仅使唐朝统治者大兴土木扩建殿宇行宫尽享荣华，而且投入大量人力物力营造他们死后的天堂——陵墓。

唐朝的皇陵区位于关中平原的北部北山脚下，东起蒲城，西至乾县，埋葬了十八位皇帝和无数的王公大臣。唐朝皇帝的陵墓有两种：一种是平地起冢，封土成陵；另一种是选择孤山，在山上挖洞穴成陵。位于咸阳市礼泉县东北埋葬唐太宗李世民的昭陵，就是唐朝第一座凿山挖洞的皇陵。它占地30万亩，由一座占据主峰的皇陵和周围二百余座皇亲国戚、文武百官的陪侍陵寝组成，包括历史上著名的长乐公主、魏征、程咬金、李靖等的陵寝。陵区可以算是世界上占地面积最大的皇家陵区了。宋元明清各朝各代，都有皇帝亲自或派大臣来祭拜，并不断地加以修缮。

昭陵位于一座名为九嵕山的主峰南山腰，修建时以栈道连通地宫之门。山上建有神游殿（供灵魂游乐用）、朱雀门，陵前神路上排列众多石人、石马。而昭陵中最为独特、艺术价值最高的杰作，还是立于昭陵后山祭坛中的"昭陵六骏"。

"昭陵六骏"是六块浮雕了六匹骏马的石屏风，每块巨石高1.71米，宽2.05米，厚0.3米。石板上的六匹骏马是李世民在南征北战一统天下时立过赫赫战功的坐骑。它们分别名为：飒露紫、拳毛䯄、青骓、白蹄乌、什伐赤、特勒骠。从六匹马的名字，也可以猜出它们毛发的颜色和体形特点。

石雕按照唐代最杰出的画家阎立本绘制出的底稿，由高超的工匠凿刻于石上。六骏浮雕以马的侧面为画面，采用神形并重，以传神为主的手法，造型简练，轮廓以曲线为主，骏马骏骨刚硬，肌肉坚韧，整体彪悍魁伟，神态各异。青骓、什伐赤、白蹄乌为沙场飞奔；特勒骠、拳毛䯄闲庭慢步，

天各一方的昭陵六骏　163

美国宾州大学博物馆展厅中的拳毛䯄

美国展出的昭陵六骏之飒露紫

似得胜凯旋；飒露紫石雕像则像写生一样再现了一段历史场景。浮雕上骏马似向后退，马前立一人从马身上向外拔箭。古书记载拔箭之人名叫丘行恭，石雕反映的是李世民在邙山攻打王世充、窦建德时陷入重围，战马飒露紫也被射伤。在李世民身旁的勇将丘行恭赶忙从自己的马上跳下来，把战马让给李世民。丘行恭则拔掉飒露紫身上的长箭，骑上它杀退敌人。

对于马上得天下的李世民来讲，战马无疑是最喜爱、最亲密的伙伴，自然希望死后仍能与之相伴。昭陵六骏在李世民生前就雕刻完成，于公元669年立于山上。李世民还为六骏石刻亲自题写了赞文，由大书法家欧阳询抄录，再由石匠刻在六骏的石座上。他赞美特勒骠："应策腾空，承声半汉，天险摧敌，乘危济难。"他赞美青骓："足轻电影，神发天机，策兹飞练，定我戎衣。"他赞美飒露紫："紫燕超跃，骨腾神骏，气詟三川，威凌八阵。"他赞美白蹄乌："倚天长剑，追风骏足，耸辔平陇，回鞍定蜀。"赞美什伐赤："瀍涧未静，斧钺申威，朱汗骋足，青旌凯归。"他赞美拳毛𬴊："月精按辔，天驷横行。孤矢载戢，氛埃廓清。"六骏石雕，当初也按骏马本身的颜色饰绘重彩。

昭陵六骏作为唐代的艺术珍品，中华民族的瑰宝，人与动物和谐关系、尚武精神的象征，一直在九嵕山上矗立了一千二百余年，受人顶礼膜拜。许多文人墨客在昭陵六骏前留下了赞美的诗篇。苏轼拜谒后赋诗赞美"昭陵六骏"："天将铲隋乱，帝遣六龙来。森然风云姿，飒爽毛骨开。飙驰不及视，山川俨莫回。长鸣视八表，扰扰万驽骀。"

可到了近现代时期，中华大地上军阀混战，外国列强横行。历史悠久、工艺高超的中国历史文物成了国外古董奸商垂涎之物，昭陵六骏也未逃厄运。那时，美国是中国文物流向的主要国家。精明狡诈的美国古董商经常自己不出面，找中国的文物贩子做帮凶，盗取昭陵六骏他们也采取了这种伎俩。他们将此事委托给了北京琉璃厂的延古斋古玩铺。延古斋的老板赵鹤舫为人狡猾，善于钻营。他常出没于官宦府邸。他知道，买卖昭陵六骏这样的国宝必须有靠山才行。他先找到有些交情、也喜爱文物收藏的袁世凯的二儿子袁克文，弄到了为袁府运送物资的专用封条，以保证路上没有闪失。1914年，他到陕西后又买通了陕西外任将军陆建章等军阀，勾结当地军阀地痞偷盗六骏。由于六骏石雕太重，第一次他们只好先盗取最精美的飒露紫、拳毛䯄两块。由于石雕太大，为了方便装箱，他们竟然暴殄天物地将石雕砸碎。很快这两匹"骏马"就被运到了美国。这些奸商土匪第一次尝到甜头后，1918年他们又卷土重来，又将其余四骏砸碎装箱，运下山去。当他们的马车行驶在李世民当年骑马走过的临潼古道上时，终于被当地的村民发现。村民们愤怒地围攻上去将四骏石雕截获下来。现在，六骏中的飒露紫、拳毛䯄陈列在美国费城的宾夕法尼亚州立大学博物馆中，其余四骏陈列在陕西省博物馆。

2000年，笔者赴宾州大学博物馆，参观昭陵六骏中的飒露紫、拳毛䯄两座浮雕。它们被陈列在一座圆形穹顶的高大展厅中，在同一展厅中还展出着辽代三彩罗汉像、河北响堂山北齐石窟寺石雕像，展厅高大墙面上镶嵌着山西洪洞县广胜寺壁画。据博物馆工作人员介绍，这些文物大多是民国时期，通过一位长期在美国贩卖中国文物的华人文物商卢芹斋购得。美国的许多博物馆、大收藏家手中，都有卢芹斋倒卖的文物，其中大量是从中国古墓中盗掘的。但是，自20世纪70年代国际上签订了禁止买卖文物的公约后，该博物馆再没有购入任何一件外国文物。可是，两件浮雕却不知何年才能重回故里，六骏不知何时才能再聚首了。

正是：六骏神驹骋疆场，昭陵浮雕伴君王。千年风雨无所惧，不孝儿孙酿国殇。被盗国宝遭砸碎，漂洋过海留他乡。愿我同胞早觉醒，强国护宝永不忘。

《清明上河图》，皇宫五进出

在中国境内，可能最知名的、几乎是家喻户晓的古代绘画，就得数宋代的《清明上河图》了。2015年10月，故宫博物院展出《清明上河图》。展览最后一天的现场情景可谓空前绝后，观众要排队十个小时才能目睹到这幅"中国第一画"。最后一名观众入场时间，已到了第二天凌晨两点。别看此画今天是集万千宠爱于一身，可在它流传于世上的一千年间，也曾几经磨难，多次死里逃生。

张择端《清明上河图》局部（故宫博物院提供）

《清明上河图》为北宋末年画家张择端所画。张择端出生成长在山东诸城，自幼习文，可是在都城开封复读多年仍是科举不中。他最后只好凭借着自己的绘画才华，才在皇家书画创作、研究机构翰林图画院中谋得一个官阶不高的职位。

张择端擅长界画，其两幅代表作为《清明上河图》和《西湖争标图》（此图描绘西湖上举办龙舟大赛的情景，在元代时下落不明）。《清明上河图》长逾5米，高24.8厘米，整个画面沿北宋汴京（现河南开封）的汴河展开。画面自然流畅，点面结合，真实细腻，生动传神。汴河是京杭大运河的一部分，漕运保证了人口逾百万的京都汴梁的物资供应。长卷的画

清明上河图局部

面由三个段落组成,第一段描绘了汴京郊区农村景象,疏林、淡雾、茅舍、驮炭的毛驴车队,表现出北国早春田园牧歌式静谧悠然的氛围。再往前则是萌芽的柳林,交错的乡间小路,扫墓归来的人群,暗示出了"清明"的主题。中段画面则描绘了汴梁城繁华热闹的大都市风貌,也是全画最精彩的部分。河道中船只往来穿梭如织,纤夫在岸上拉紧纤绳吃力前行,险象环生。河上木制"虹桥"上人流、车辆熙攘拥挤。最后一段描写了繁华的市区街道,街上车马行人、男女老幼、三教九流摩肩接踵,两边酒楼店铺百肆杂陈。

张择端能如此生动传神地描绘出这幅开封城的"全景画",一是赖其高超的技巧,同时也得益于他在东京的多年艰苦借读生涯。此画表面描绘了一个"百家技艺向春售,千里农商喧日昼"的"丰享豫大"景象,而画中真意则是"明盛忧危之志,敢怀而不敢言,以不言之意而绘为图"。张择端是以此画来提醒宋神宗赵佶居安思危。画中也有意地绘画出官员车马在街巷中横冲直撞、税官与百姓争执不休的场景。而同一时期,北方的女真人迅速崛起,已经开始磨刀霍霍。

《清明上河图》画成后立刻于公元1101年收入宫中,列入"神品"。对书画非常内行的北宋皇帝赵佶,还特意用他独创的"瘦金体"题写了画名,钤盖了"双龙印"鉴赏收藏专用印章。但是张择端这种以画"曲谏"之举,显然不是喜欢风花雪夜的宋徽宗的"菜"。此画被收入宫中不久,赵佶为讨好势力强大的生母向皇后,把张择端的两幅代表作全都赐给了舅舅向宗回。《清明上河图》第一次从宫中流入民间。在这以后,历代收藏家、鉴赏家都视其为无价之宝,皇亲国戚、权臣贵胄,为争夺它又演出一幕幕悲剧传奇。

1127年,金兵攻入汴京后烧杀抢掠,《清明上河图》被向家南逃时带入南宋都城临安(今杭州)。当时,临安街市上出售的摹本很多,售价一两银子。百年后在南宋理宗时,《清明上河图》又被权臣贾似道得到。贾似道在政治上腐败无能,但是在文物收藏方面却依靠强取豪夺大有斩获、成绩"斐然",成为南宋收藏大家。蒙古人灭掉金朝和南宋建立元朝后,其统治者也附庸风雅开始四处抢掠搜刮奇珍异宝,声名显赫的《清明上河图》自然成为重中之重的目标,《清明上河图》第二次被收入皇宫。而其后发生的故事或者可称为重大事故或是刑事案件,令人啼笑皆非。

由于元朝统治者并不十分了解绘画艺术,在对宫中藏品进行修复过程中,此画竟然被一个胆大包天的装裱匠偷梁换柱,偷盗出宫。他在私下兜售时,被寓居于元大都(现北京)的著名文人杨准以重金购得。杨准将宝图被偷过程记在了图后的准纸上,并认为张择端是为了补证史料之不足,才用心良苦"毫发无遗"地描绘出京都盛景留给后代。

在杨准去世后,《清明上河图》又转手经过了静山周氏、蓝氏、吴氏,明代大理寺卿朱文徽,华盖殿大学士徐溥,文渊阁大学士李东阳,兵部尚书陆完,蓟辽总督王忬,奸臣严嵩等人收藏。而从王忬到严嵩,则又演出一段传奇。

根据《野获编补疑》《清夏闲记》等明清笔记小说记载,传说王忬得到这一国宝不久便被严嵩及他儿子严世蕃得知。严嵩在明嘉靖朝任内阁首辅,善于权术,父子二人权倾朝野。二人向王忬索要宝图,王忬迫于严氏父子的权势,就使用一个计策,高价请了画师王彪临摹了一幅送给了严嵩。可没过多久事情败露。严嵩假借王忬戍边失力,上奏本杀死了王忬。王忬之子王世贞也是著名文人,为父亲的冤死悲愤万分,发誓要报此血海深仇。他有意接近严家父子,一次严世蕃问王世贞在写什么书,王世贞计上心头,说写了一部小说《金瓶梅》,可以敬呈严世蕃阅读。王世贞此后昼夜不歇赶写完书稿,并将每页纸下角都浸上砒霜,以书稿为武器,慢慢地毒杀严家父子。严家父子中毒后时常神志恍惚,很快失去了皇上的宠爱,被问罪抄家。《清明上河图》第三次进入了皇宫,王世贞也报了杀父之仇。

当时在位的隆庆皇帝并不很懂绘画,被嗜画成癖又十分受皇帝赏识的成国公朱希忠将此画求赐到手。其后他将此画赠给了掌握实权、鼎力支持宰相张居正政治革新的大太监冯保。冯保饱读诗书,擅长书法、乐器,如同郑和一样,是明代不多的几位有作为的太监之一。冯保得到《清明上河图》后,在画后题跋中写道:"余侍御之暇,尝阅图籍,见宋时张择端《清明上河图》。观其人物界画之精,树木舟车之妙,市桥树郭,迥出神品,俨真景之在目地,不觉心思爽然,虽隋珠和璧,不足云贵,诚希世之珍欤!"

到了清代乾隆年间,这件国宝被湖广总督、鉴赏家毕沅购得,他与其弟毕泷常在家中观赏此画,其弟禁不住冲动地在画上盖了"毕泷审定"的印记。但好运不长,嘉庆四年(1799年),毕沅因生前与和珅有瓜葛,被赐死后抄家赎罪,《清明上河图》第四次被收进皇宫。但是,宝图的命运并非到此就一帆风顺了。

1911年清王朝被推翻,溥仪以赏赐其弟溥杰为名将国宝偷偷裹挟出宫,存到了天津租界内。1924年溥仪被冯玉祥赶出皇宫,1927年在日本人帮助下跑到天津住进西式别墅中,过起了奢华悠闲的生活。而他的生活来源,主要是靠出卖从故宫带出的文物珍宝。

1931年日本在沈阳发动"九一八"事变,1932年建立了伪满洲国,溥仪又在日本人安排下来到长春做起了傀儡皇帝。他将《清明上河图》也携带到长春,存在伪皇宫东院图书楼中。1945年8月,日本

长春伪皇宫内卧室

鬼子末日临近，溥仪被迫"迁都通化"。8月17日，溥仪带着国宝逃到通化大栗沟，想乘飞机逃跑。就在这千钧一发之时，被赶来的苏联红军俘虏，《清明上河图》辗转又回到了中国人民的手中。当时暂存在东北人民银行，其后又转藏于东北博物馆。1952年，文物鉴定专家杨仁恺受命到长春清理伪满皇宫流散文物，竟然看到了《清明上河图》，欣喜若狂。不久，宝图被调拨到故宫博物院，国宝第五次进入紫禁城。

《清明上河图》自问世九百余年间，历经风雨，饱经沧桑，只有在社会主义新中国才为人民大众所有，实现了它真正的价值，找到了真正的归宿。

附记：

《清明上河图》北宋末年的流传经历还有另一说法：1127年金朝女真人攻入都城汴梁，烧杀抢掠，撤退时掳走了包括宋徽宗、宋钦宗两位帝王在内的三千余人，以及宫中的珍宝、书画古籍，其中就包括《清明上河图》。如今，在宝图画面左侧确实有金人张著的题跋，由此被一些专家们认为宝图此时已经在北方金国中都城内（现北京）。张著在题跋中介绍了此画的作者："翰林张择端，字正道，东武人也。幼读书游学于京师。后习绘事，本工其界画，尤嗜于舟车市桥郭径，别成家数也。按向氏《评论图画记》云：《西湖争标图》《清明上河图》，选入神品，藏者宜宝之。大定丙午清明后一日，燕山张著跋。"

小贴士：

界画是一种借助直尺来表现建筑的绘画，手法多样。其中有一种是用界笔绘画：笔杆下部绑上一个小木块，这个小木块叫界隔。有了这个小木块，界笔就可以抵着直尺运行，毛笔上的墨水也不会把尺和纸弄脏、弄污，就会按照画家的意图画成各种各样不同长短的直线。用这种工具和手法绘制出来的图画,被称作界画。界画自宋代至清代一直大家辈出。清代的袁江、袁耀就是以工笔界画闻名于世。

朱启钤、张学良合力保护的 "存素堂丝绣"

在北京朝阳门外赵堂子胡同，有一座大四合院（现门牌号为3号）。此院曾十分气派、华丽，也曾雕梁画栋、绿树成荫、百花争艳。笔者第一次走进院中，还是20世纪90年代时跟着收藏家王世襄先生故地重游。那时此院已物是人非成为居民大杂院，院中还盖了楼房。王先生说他年轻时曾来过此院中，并向院子的主人借过珍贵古籍研究阅读。院主人名叫朱启钤，是中国近现代史上一个很了不起的人。

朱启钤，祖籍贵州，1872年出生在河南，字辛桂，晚年号蠖公。因长辈和亲戚均在清廷为官，他20岁时就在他们的提携帮助下在四川为官。此后他凭借自己的学识能力不断升迁，先后担任过清朝京师大学堂译学馆监督、北洋政府交通总长、代理国务总理、内务总长、京都市政督办等职务，政绩显赫。其中，最为突出的是改造北京旧城。他指挥打通了旧城内多条道路，拆除了正阳门瓮城，规划建设了北京南部新区，开放了中山公园，建立了市内的博物馆，修建了保护紫禁城内文物藏品的库房，推行西方先进的城市管理模式。但是，他常常为后人称道的并不在其政绩，而是他在保护中国历史文化遗产方面所做的巨大贡献。一是他组织学术团体，开创了对中国古代建筑的学术研究。在我国封建社会，人们把设计、建筑房屋视为"匠作之事"，根本登不上大雅之堂。而接受了西方先进科学思想的朱启钤却认为："吾民族之文化进展，其一部分寄之于建筑，建筑于吾人最密切，自有建筑，而后有社会组织，而后有声名文物。""欲通文化史非研求实质之营造（建筑）不可。"1919年，他倡导、主持重印出版了宋代建筑书籍《营造法式》。他还创办了研究中国古代建筑的学术机构——中国营造学社，学社办公地点就设在了赵堂子胡同朱启钤家的前院。朱启钤在文物保护上的另一项巨大贡献，是收藏、研究、保护中国古代丝绣缂丝珍品。他为自己的丝绣藏品起名为"存素堂丝绣"。

朱启钤3岁时父亲去世，幼年时一直随母亲傅梦琼寄居在外祖父傅寿彤家中。傅寿彤曾任河南布政使，博学多才，喜爱书画收藏。傅梦琼每日里经常帮父亲修补书画的丝绣包首、缝制衣物，女红极佳。朱启钤受母亲影响，自幼就爱好收集那些断帛零绢。他到北京做官后，更是常向古董商、皇族后裔购买丝绣文物，尤其是一次难得的机会，让他从恭亲王的后人手中购得一批自宋至清的缂丝珍品。这批珍品加上他平常的寸积铢累，最终达到拥有宋代至清代的丝绣文物藏品近三百余件。他还仔细考证、研究，

南宋 朱克柔 牡丹图 册页画心纵23.2厘米、横23.8厘米(辽宁省博物馆提供)

南宋 朱克柔 山茶图(辽宁省博物馆提供)

宋绣瑶台跨鹤（辽宁省博物馆提供）

撰写出了《存素堂丝绣录》一书。存素堂是贵州朱启钤旧居的堂号。

"存素堂丝绣"汇集了大量宋、元、明、清四代皇宫内府的御制精品，以及清代大收藏家安岐、梁清标、李寄云的私藏。其中许多珍品出自名家之手。如两宋之际缂丝高手朱克柔的《牡丹图》，依照宋代皇帝赵佶原作临摹绣制的《木槿花卉图》，明代皇宫御制的《梅花仙禽图》，清代缂丝《雀雏待饲图》等。《木槿花卉图》在清代乾隆朝时被收进皇宫，清嘉庆时又赐给恭亲王奕䜣。《雀雏待饲图》是以明代画家王毂祥的绘画为底稿织绣的。王毂祥没有任何真迹作品留传下来，此件绣品更是弥足珍贵。《雀雏待饲图》制于乾隆五十五年，卷首还有用缂丝织绣出的乾隆御诗一首："老雀含虫归故枝，群雏待哺意堪悲。观图不觉生怜悯，合共思哉良有司。"他告诫群臣不能把此图当作一般书画来看。在乾隆心中，画中雏雀如同百姓。此图上钤盖了乾隆玉玺数方及"皇六子恭亲王宝""奕"等印章。但是，这批丝绣收入到朱启钤家后也并非就永保平安了。

明代顾绣董其昌绘弥勒图轴(辽宁省博物馆提供)

1929年，朱启钤创建中国营造学社，经过几番筹措四处化缘仍然经费不足。朱启钤身边珍贵之物只剩下这批"存素堂丝绣"了。当时许多外国人听闻朱启钤要出售个人收藏开办学社，都纷纷登门协商，高价求购这批丝绣珍宝。可是，具有强烈爱国之心的朱启钤，坚决不肯把丝绣卖到外国去。与朱启钤相识的日本实业巨子大仓喜八郎曾在朱宅鉴赏过这批丝绣，并提出以100万元价格收购，被朱启钤拒绝。最终，他得到了连亲好友、一贯行侠仗义的"少帅"张学良出手相帮。朱启钤的六女儿朱洛筠嫁给了张学良的二弟张学铭，四女儿朱津筠曾在张学良的主持下，嫁给了他的副官、少校飞行员吴敬安。张学良以东北边业银行的名义出资20万元收购，并接受朱启钤"边业银行不得将这批文物售与外国人"的霸道条款。世人大多熟知张学良是个军人，其实他自幼就喜爱中国古代文化，自年轻时就散巨资收藏古代书画，1927年张作霖在北京主政时期，张学良与齐白石、陈半丁、张大迁等画家都有交往。他在台湾居住期间，也与张大千经常来往。晚年时，他将个人收藏的图书数千册捐给了台湾东海大学和美国哥伦比亚大学。

正所谓覆巢之下焉有完卵。1931年"九一八"事变后，东北地区沦为日本殖民地。伪满政府竟蛮横无理地将这批丝绣宣布为"国宝"，将它们秘藏于沈阳正金银行宝库中，还在日本印成巨册图录，名为《纂组英华》。这批丝绣虽然名扬世界，可其背后渊源与坎坷却不为世人所知。1945年日本侵略者被赶出中国，可是此后国民党军与人民解放军的武装冲突不断升级，愈演愈烈。朱启钤忧心忡忡，深恐仍保存在东北地区的这批丝绣毁于战火。在他打探到宋美龄即将去东北时，他赶紧把自己的门生王世襄找来。王世襄当时担任国民党"清理战时文物损失委员会"平津区代表助理。朱启钤让他以平津区办事处名义写呈文说明抢救"存素堂丝绣"的重要性，并由朱启钤直接当面交给宋子文。经过朱启钤先生的多方努力，"存素堂丝绣"

终于免于战火，空运到北京。先存到了中国银行，后转拨给故宫博物院，保存在故宫延禧宫库房。

新中国成立后，出于"存素堂丝绣"原为东北银行出钱购买的，张学良将军当初意愿也是要把它们作为奉天博物馆的藏品，东北博物馆强烈要求收回这批丝绣。最后，中华人民共和国文化部决定：东北博物馆将他们收藏的一部分由溥仪从故宫携出、留在东北的善本书还给故宫博物院，换回这批丝绣。东北博物馆后改名辽宁省博物馆，"存素堂丝绣"至今仍收藏在那里。

值得一提的是，在周总理的关怀下，朱启钤先生在新中国成立后从上海回到北京，住在东四八条111号女儿朱湄筠家中，大学问家章士钊当时也住在此院。在朱启钤晚年，中央政府安排他在中央文史馆任研究员。他仍关心国家大事，对北京城市规划也常提出许多中肯的意见，偶尔写一些回忆文章，还向北京图书馆、家乡贵州省图书馆捐赠许多珍贵图书。1964年，92岁高龄的朱启钤去世。周总理特批入葬八宝山革命公墓，梁思成设计墓碑，叶恭绰题写碑文。

朱启钤一生中，在丝绣研究方面还著有《丝绣笔记》《丝绣书画录》《女红传征略》《清内府藏缂丝书画展》等著作，由此也可见其对丝绣文物的热爱。丝绣、刺绣，在西方人眼中与瓷器一样是中国人独创的伟大发明、艺术杰作，至今仍是外交国礼。朱启钤作为一名政局长期异常动荡时期的官吏，仍能从保护历史文物角度抢救、收藏、研究古代丝绣，不能不令人敬佩万分！

附记：

缂丝：缂丝是中国古人以通经断纬方法织纺而成的一种十分精美的丝绣。缂丝工艺兴盛于唐宋时期，明初时太祖朱元璋以缂丝为侈靡之物严令禁止制作。明宣德年间，在皇帝的批准下重新恢复缂丝制作。由于缂丝图案都以极细的七彩丝线作纬线编织而成,细腻精美如同绘画,所以每一件作品均为珍品,为历代王公贵族追捧。

明代"顾绣":明代顾氏一族,久居现在上海黄浦区露香园路一带。从明代嘉靖年间的顾名世开始,指导家中女眷研习以历代名画为蓝本的刺绣技艺,极为逼真传神。"其劈丝细过于发,而针如毫,配色则有秘传,故能点染成文,不特翎毛花卉巧夺天工,而山水人物无不逼肖活现。""独特技艺代代相传并逐步改进,终成一派。"存素堂丝绣中的《明代顾绣弥勒佛像图》,为顾氏刺绣中的精品。

被改作腌咸菜缸的
忽必烈玉制大酒瓮

　　四周荡漾着碧绿的湖水，头顶一行行大雁飞过澄澈的蓝天；春有百花秋有月，夏有凉风冬有雪。700多年前，正是这样的美景，打动了元世祖忽必烈，他在如今的北海公园琼华岛上大兴土木，在山顶建造了雄伟壮丽的皇宫广寒殿建筑群。那时，他带领蒙古大军消灭了金国，寒冷偏僻、人烟稀少的大漠已不再是他留恋的地方。左环沧海、右依太行、北通大漠、南控中原的北京地区，成为他定都的最佳选择。白天他在广寒殿接见群臣和使节,晚间大宴群臣宾客。惯于在广阔草原游牧、征战的蒙古人,喝起酒来甚是豪迈,他们有一个习俗,众人围着一个大酒缸,各自拿着长勺从缸中打酒喝,一醉方休。为了显示皇家气派,大汗忽必烈特令工部局的玉器工匠们雕刻了一个特大号"玉瓮",设置在广寒殿内盛酒。玉瓮又称渎山大玉海,由一块完整漂亮的黑白相间的玉石雕成,高70厘米,腹深55厘米,重3500公斤,可贮酒三十担,其形状如同一只大海碗。玉瓮外壁浮雕了海水、祥云,海水上腾飞天龙、骏马、白鹿等神兽。蒙古人自称是苍狼白鹿的后代,马背上的民族,这些神兽表现了他们的信仰和民族性格。

据《元史》记载:"至元二年(1265年)十月,渎山玉海成。"它是工匠们雕刻了多年才结成的硕果,是中国历史上最大的玉器!有专家说,玉

元大都土城公园元世祖雕像

渎山大玉海

瓮采用了四川"渎山"（岷山）的玉石，因为那时元人已攻占了四川、云南等地。也有专家们经科学分析，确认玉料来源于河南的独山。此玉瓮在琼华岛上稳稳地陈设了三百余年。到了明万历十年（1582年），年久失修的广寒殿轰然坍塌，皇帝下令不再重修，大殿的建筑构件和砸毁的室内陈设被清运。大玉瓮和部分砖瓦一起被拉走，运到了西华门外真武庙，用于扩建修缮庙宇。明代初期，雄踞北平的燕王朱棣能够夺权当上皇帝，自称是受到真武大帝的帮助，所以明代从都城到各地都大肆兴建真武庙。可真武庙的道士是不饮酒的，砖瓦可以盖房，玉瓮则沦为被道士们用来腌咸菜了。以后的一百多年间，文人墨客和香客在敬天拜神时之余，都要看一眼这个大玉瓮，结果真武庙也逐渐被人们称为了"玉钵庵"。清康熙年间，被康熙特批住在皇城内的汉臣高士奇，在自己的书中还记载了参观大玉瓮的情景，很是替之惋惜。

大玉瓮的命运最终在清乾隆当皇帝的时候迎来转机。乾隆帝喜古物、好风雅。乾隆十年（1745年），他偶然在真武庙见到大玉瓮后，立刻下令清洗养护，重新移入皇家御苑中。他也不亏待庙中的道士，"令以千金易之"。据当时的史地学家朱彝尊所著《日下旧闻》中记载："本朝乾隆十年，敕以千金易之移置承光殿。御制玉瓮歌，并命内廷翰林等分赋镌勒楹柱。"乾隆在诗中赞美大玉海："元史世祖至元间，初成渎山大玉海。敕置广寒碧殿中，迄今五百有余载。青绿间以黑白章，云涛水物相低昂。五山之珍伴御榻，从臣献寿欢无央。监院道房曾几历，仍列承光似还璧。相望琼岛咫尺近，岂必铜仙独泪滴。和阗玉瓮昨琢成，质文较此都倍赢。周监在殷殷监夏，一经数典惕予情。"

因为琼华岛上已经建造了白塔，在乾隆十六年，玉瓮被安在湖对岸的团城承光殿前，乾隆皇帝还专门下令修建石亭（玉瓮亭）一座，"以置元代玉瓮"。并召集翰林40人写诗作赋，称颂大玉海。而乾隆帝的御制诗，则刻写在了大玉瓮的底部。

1954年,北京城改造道路,为加宽北海与中南海之间的石桥,有人建议拆掉团城,还是周恩来总理冒酷暑登上团城,亲自指示团城必须保留,才使团城、玉瓮亭、玉瓮得以今日仍能饱游人眼福。希望有一天,公园的管理者能拓印或拍照乾隆《玉瓮歌》全文,在现场或网上展示,以飨观众。

《富春山居图》
先遭火焚再含冤

  《富春山居图》是元代四大画家之一黄公望的长卷画作。画卷纵高33厘米,横长636.9厘米,画面描绘了富春山地区(现浙江省西北部的桐庐县地区)苍逸明净的深秋美景。画中峰峦坡石回旋辗转,云树丛林苍简萧瑟,村舍亭台、渔舟小桥错落其间。"景随人迁,人随景移"。整幅画作笔风雄秀简练,笔势潇洒遒丽,墨色凝重秀明,呈现出空灵萧散、深邃幽远的意境。此画被历代称为"圣品""神品"。而此画作者黄公望也是中国古代画坛的一位奇人!

黄公望,号大痴道人,江苏常熟人,早年时曾远赴元大都担任官职较低的书吏。但是,由于其学识渊博,也与一些担任高级官职的文人常有往来。期间,他还结识了元人书画第一人、翰林侍讲学士赵孟頫,这使他对书画鉴赏具有一定造诣。可是,元代官场险恶,汉人在官场上也受到种族歧视,他在江南任书吏时竟被诬陷入狱。出狱后他看破红尘,加入全真派道教成为道士,平时靠主持道观和给人占卜看风水为生计。50岁以后他专心研习书画,先模仿董源、巨然两位大师,后自成一家。

俗话说:人活七十年古来稀。孔夫子亦曾云:三十而立,四十而不惑,五十而知天命,六十而耳顺,七十而从心所欲,不逾矩。可黄公望显然是一个不服"天命"一心"逾矩"的人。79岁时,黄公望开始创作他的巨幅长卷《富春山居图》,而且一画就是几年时间。他能潜下心来创作并有如此充沛的体力,应该得益于他修道后宁静澹泊的心境。这从他留下的两首诗中可以看出。其题《秋江晴嶂图》云:"何处行来湖海流,思归凭倚隔溪舟。枫林无限深秋色,不动居人一点愁。"其题张僧繇《秋江晚渡图》云:"春江水绿春雨初,好山对面青芙蕖。渔舟两两渡江去,白头老翁争捕鱼。操篙提网相两两,慎向江心轻举网。风雷昨夜过禹门,桃花浪暖鱼龙长。我识扁舟垂钓人,旧家江南红叶村。卖鱼买酒醉明月,贪夫徇利徒纷纭。世上闲愁生不识,江草江花俱有适。归来一笛杏花风,乱云飞散长天碧。"

两首诗中都表现出他归隐山林、不问世事的心态。诗中的景象也融入他的画作中。在创作《富春山居图》期间,他游遍了富春江两岸的山山水水,"凡遇景物,辄即横记""早晚得暇,当为着笔"。此图画成之后便成稀世珍宝,在明代就被著名书画家沈周、董其昌、邹之麟等人收购、收藏。同为画家的沈周,还仔细地临摹了一幅,并在原画上题了字。董其昌也在画上题跋赞扬:"唯此卷规摹董、巨,天真烂漫,复极精能……予获购此

《富春山居图》先遭火焚再含冤　189

富春山居图

富春山居图卷首

图,藏之画禅室中,与摩诘《雪江》共相映发,吾师乎!吾师乎!"董其昌认为此画与唐代诗人画家王维的画作水平相当。邹之麟也激动地在画上题跋赞叹道:"至若《富春山居图》,笔端变化鼓舞,又右军(王羲之)之兰亭也,圣而神矣!"画上还有明代书法篆刻家文彭等人的题名。这些题跋、题名,更使《富春山居图》成为稀世珍宝。但是,时间延续到明末清初,《富春山居图》却遭到灭顶之灾。

《富春山居图》在清初被顺治朝进士、官至武英殿大学士的吴正志收藏,他死后又把画传给儿子吴洪裕。吴洪裕对此画更是爱不释手,睡觉时都枕在头下,以免别人偷窥,最后竟到了发狂的地步。在他临死时,他竟暴殄天物地将此画扔进取暖的火盆里来殉葬。当看到画烧着了,他才绝望地离开了屋内。可他万万没想到,他的侄子吴静庵偷窥到这一切,吴洪裕一离开,吴静庵急忙把画从火盆中捡出将火扑灭。吴静庵把烧残的部分割掉，把未烧坏的后一部分，重新装裱好保存下来，仍叫《富春山居图》。

　　《富春山居图》能被吴静庵保存下来是不幸中的万幸。但宝图的劫难并非到此结束。在清康熙朝时，宝图被康熙宠臣、大学问家、收藏家高士奇收藏，他花费六百两黄金才购得此画。后来，宝图又转到康熙朝进士、后官至户部尚书的王俨斋手中。到清代中期，宝图又被天津的一位收藏家安氏购藏。可惜他家道中落，收藏品也只得"古人旧亦求售于人"。清乾隆朝大臣、诗人沈德潜一度购藏。可此事不知怎么被酷爱古代书画的乾隆帝得知。他命令把画拿进宫内，当日傍晚"剪烛粗观"，次日又命东阁大学士梁诗正、内阁大学士沈德潜等人一同鉴定。后乾隆出两千两黄金买下此图。但是，乾隆偏偏认为此《富春山居图》是假画，只是模仿得比较好罢了。而说出的原因也是可笑。原来，在清宫宝库内早有一幅假《富春山居图》。画上也有沈周、董其昌等人的题跋，并多了孔谔一首诗和明代唐宇昭等人章印。此假画是先临摹又经近百年间被人加上伪章印和题跋而成。画中书法稍显拙稚拘泥，画法生硬，山林平弱生涩，唐宇昭的章印还是从别处揭下粘上的。乾隆虽然具有一定鉴赏能力，但终究不是专家，他之前还曾对假画大加赞扬。有人说他为维护面子才定真为假，以假为真。但从他命人在假画上写的诗句中可反映出他确实是认错了。

　　当时，真画、假画都放在乾隆和身边一群大臣、同样也是书画鉴定高手们的面前。乾隆帝仔细进行了鉴定，认为自己独具慧眼，真假明辨，而身旁真正判断无误的沈德潜却是玩物丧志，老眼昏花。他还提醒沈德潜，画作看错了没关系，要是用人用错了就麻烦了。他让沈德潜也在画上题诗，沈德潜表面与别的大臣一样随声附和，暗地里又在诗中表明自己的观点并提醒后人。他在诗中写道："富春一图流世间，声价千金满人口。归入内府帝鉴观，两图谁是复谁否？众眼蒙眬云亦云，真者偏左赝偏右。山居即是富春图，圣论定余重琼玖。"其中关键一句是"众眼蒙眬云亦云"。在乾隆

台北故宫博物院外景

帝面前玩文字游戏坚持己见，沈德潜也可算是一个牛人了！

皇帝之语一言九鼎，从此，真画蒙受冤屈，假画扬眉吐气。以后假画上还钤印上了嘉庆、宣统等印章，被尊为国宝。此错案一直到民国时期，故宫博物院南迁，重新审定国宝时才终于发现。真画也才终于"平反昭雪"。

《富春山居图》真迹，现收藏在台北故宫博物院，仿画收藏在北京的故宫博物院。另外，此画自元代以后，临摹者、作伪者甚多，也有几幅流传下来。明代画家沈周、张宏临摹的两幅收藏在故宫博物院，清代画家王翚临摹的两幅一幅收藏在美国弗利尔美术馆（此馆还藏有中国唐代古琴"枯木龙吟"和宋代临摹东晋顾恺之绘画《洛神赋》），一幅收藏在辽宁省博物馆。还有一幅无名氏画的，20世纪30年代曾收藏在苏州吴子深家中，现已不知流传于谁手。真是造化弄人，《富春山居图》造福他人、他物，自己却含冤二百年。

另外值得一提的是，2011年6月，《剩山图》和《富春山居图》（又被称作《无用师卷》)在台北故宫博物院展出,实现了双画"合璧"。所谓《剩山图》,就是明末吴静庵认为烧残了割下来的那部分,当时也被有心人拾得收藏起来。清代时此部分画作被江苏江阴的大画家、收藏家陈式金收藏,民国时期他的后人又售给上海汲古阁装池铺老板曹友庆。其后又由曹氏售民国时期著名画家、收藏家吴湖帆,1955年此画被浙江省博物馆收藏,被称为《剩山图》。

台北故宫博物院收藏的许多文物珍宝,是蒋介石下令从1948年12月到1949年1月共分三次运到台湾的,共计2972箱,包括器物和书画1434箱,图书1334箱,文献204箱。最后一次运输时准备运1700箱,由于船小只装下了972箱,剩下的目前仍有一部分存在南京博物院的地库中,70多年来从未示人,封箱保存至今!

智化寺的三大秘事

  在北京东二环路西侧禄米仓胡同东口,隐藏在高楼大厦之下有一座规模不大、大殿全为黑色琉璃瓦覆顶的古刹。寺院旁边大杂院内拥挤的住户,还把鸽子窝搭在了寺院墙头。院内地面低于胡同路面约半米。这座古刹于1957年就被列入第一批北京市文物保护单位,1961年又被列入第一批全国重点文物保护单位。北京境内名声显赫的潭柘寺、碧云寺都无此殊荣。

  这座古刹真可以算是"出身显贵",为明代英宗皇帝朱祁镇"敕赐"而建,建造者为大太监王振,鼎盛时占地二万多平方米。如今修缮开放的只是寺院中路的一部分,东路建于明清时的僧舍,现仍为居民占用,西路大部建筑近几十年被拆除。

黑色琉璃瓦代表着它在佛教中有极高的等级,象征着真理和智慧的感化;地面低陷,也是因为它有560余年历史,街上路面几百年间不断铺垫黄土、炉灰、沥青,逐渐抬高。

明代时,国家设有僧录司管理佛教事务,智化寺建成初期,这里的几代僧人都在僧录司任职。我国古代佛教寺院建筑布局,在宋代就形成了"伽蓝七堂"的规矩,而智化寺内各大殿堂的配置布局,则成为了解宋代营造规矩的实物例证。中轴线上从山门至智化门、智化殿(类似一般寺院的大雄宝殿)、二层万佛阁,从南到北逐渐增高,气势恢宏,法相庄严。前院西侧藏殿内四米高的明代制造的金丝楠木转轮藏,在国内也是绝无仅有。

但是,如同许多国宝一样,在岁月的长河中,它既发出过耀眼的光芒,也曾跌入过无底的深渊;有过宵小之辈、衣冠禽兽对它无情摧毁,也有过有志之士对它的细心呵护。下面讲一讲笔者亲历和了解的智化寺三件"秘事"。

第一件秘事:万佛阁佛像装藏

在智化寺最高大的建筑万佛阁上层,几百年来一直供奉着三尊巨大的佛像:中间为毗卢遮那佛,其左侧是卢舍那佛,右侧为释迦牟尼佛。承托佛像的是木雕金漆莲花、八角须弥座,以及雕花精美的汉白玉石台。木制须弥座上还精雕了天龙八部,它们整体通高约3.5米。殿内两旁的金柱还挂有一副对联:"虔登凡阁遍游于华藏之间,钦仰慈容礼拜于尘刹之佛。"笔体似清代官员擅长的馆阁体。

毗卢遮那佛像,代表和象征着佛教法礼教义。佛教经文深奥晦涩,一般香客难以读懂。昔日里,普通香客拜叩此佛像,也就等于阅读经文了。

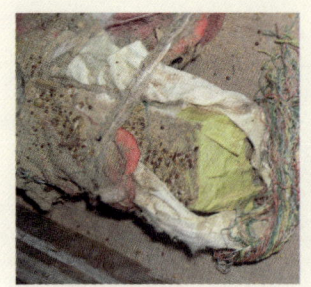

从佛像腹中取出佛经

从佛像腹中取出的明代佛经

从佛像腹中取出的钱币

从佛像腹中取出的西方钱币

可历经近六百年的风吹日晒，21世纪初时，佛像已是表面漆皮大量脱落，部分构件松散缺失，木头开裂长菌发霉，必须要进行抢救性修缮。经过邀请专家勘查会诊，国家决定拨巨款修缮智化寺建筑及大殿内的明代佛像、木制壁画。而就在这次修缮中，发生一件意外惊喜之事。

在准备修整毗卢遮那佛时，专家们发现佛像背后正中有一块长方形木板，木板与佛像间残存的底层"麻灰"、表层的金漆都是古代原状，从未被毁坏过。这就说明，佛像内的"装藏"应还保持完好，还保存在佛像腹内！可是，在查看佛像底部时，发现已经发霉糟朽，有一些东西从佛像腹内掉了出来，而且部分颜色已经发黑，几乎难以辨认为何物。古代寺院的木制大佛，腹内一般都是空的，在佛像制作完成正式接受供奉前，要举行庄重的装藏仪式——由高僧主持向佛像腹内装入经卷、珠宝、五谷等，其后进行开光。有时是用镜子把阳光反射到佛像身上，最后僧人和信众念经、礼拜。

2004年7月，为详细了解和保护佛像腹内的文物，也为抢救佛像腹内文物，让其不再继续变质，经北京市文物局批准，智化寺的管理单位——北京市文博交流馆开展了万佛阁佛像腹内文物提取工作。当时笔者担任北京市文物局博物馆处副处长,在局领导的委派下,亲临现场监督此项工作的开展。现场中还有该馆的王丹馆长和博物馆的业务人员,配合工作的修缮工程技术人员。大家先在佛像四周搭好脚手架和工作平台。由于佛像背后空间狭小,又把佛像原地180度旋转,让佛像后背朝向正门和供案、显露在众人面前,再由经验丰富的老技工小心翼翼地把佛像抬到脚手架上的工作台,用凿子撬开后盖。

经验丰富的老技师在打开佛像腹腔后盖时,发现封闭后盖的钉子都是古代手工锻造的四棱型长铁钉,佛像木制坚硬,那些钉子都已变形。他声音微颤地说:"这全是老的呀,后盖没有打开过!"这句话也让现场的人们心情紧张、激动,充满期待。当后盖打开放好后,该馆的业务人员杨志国等人开始用手电向佛像内照射,以确定是否存在珍贵装藏。毕竟,智化寺在民国时期曾经衰败,寺内极少数僧人曾多次偷盗寺内文物变卖。据一些专家介绍,民国时,寺内极个别僧人不仅大肆吃喝,还曾去"八大胡同"挥霍。也许是佛祖保佑和众僧呵护,也许是那些极个别的僧人仍恪守着对佛法敬畏的底线,还可能是他们根本不知道佛像腹中的秘密,三尊佛像腹内的"宝物"都完好无损,安然无恙。业务人员戴好口罩和手套,一件一件小心地从佛像内取出"装藏"。而"装藏"之丰富、等级之高,远远超出了在场所有人员的预盼。毗卢遮那佛腹中,有一根方形木棍(工匠们把它叫作"主心骨"),上面绑着用丝绸缝制的人体内脏器官:心、肝、肺、肠等,腹内有大量棉絮以及许多彩色丝线缠绕的钱币、五彩宝石、多种中药材、五谷等。在提取工作基本完成时,严谨细心的王丹馆长提醒:"你们得仔细找全了啊,不用管是什么,先拿出请专家分析检测再说。"身高臂长的杨志国答应道:"我再往里摸一摸啊。"这一找,居然在佛像腹内靠臂膀上端处摸到两本经卷:一卷为磁蓝纸质地、手书金色经文的《金光明经》,经卷装裱精致,绘画精

打开佛像背后

从佛像腹中取出佛经

智化寺在修缮时
从佛像腹中取出的
明代装藏

美。另一经卷，为后来成为该馆"镇馆之宝"的《大明仁孝皇后梦感佛说第一希有大功德经》（半部）。这件佛经是明永乐帝朱棣的徐皇后（大将徐达之女）所写，记载内容为她梦中所见所闻，醒后记录下来，明代时曾广泛刊印。

早在1984年，智化寺文物保管所所长杨文书就曾在如来殿如来佛腹内发现过元代刻本藏经《大金色孔雀王咒经》《陀罗尼集经》《大宝积经》，这些经卷为研究元代官刻大藏经提供了珍贵的资料，被鉴定为一级品。而当时，也发现了《大明仁孝皇后梦感佛说第一希有大功德经》半部。

在《大明仁孝皇后梦感佛说第一希有大功德经》的扉页，有皇家画师绘制的精美"佛说法图"。图画中央，佛祖结跏趺坐于须弥高台，表情庄严，耐心讲法，众弟子双手合十恭立两旁，虔恭聆听。空中祥云飘浮，佛光四射……

一部分别装藏于智化寺两座佛像内的佛经终于重新聚首合璧！

这部佛经，由于其诞生于徐皇后之梦境，因而在明代初期起到了借宗教稳定政局的作用；而经文序言中讲到的宫殿楼宇、园囿奇葩，又让人们了解了明代建筑布局方式、装饰风格。近年来，此部佛经和其他装藏文物曾多次展出，使观众可亲眼目睹其奇异风采。

另外，在佛像腹中发现的钱币有清代的顺治通宝、康熙通宝。清代早期河北地区发生了大地震，智化寺古建筑受损，寺院进行了一次大修。康熙通宝的发现，也证明这尊明代的佛像当时受到损坏进行过修复，并重新装藏。而在多枚钱币中间，业务人员还发现了一枚印度莫卧儿王朝的银币，银币为修建泰姬陵的皇帝当政时发行的，年代相当于明代末期。这枚钱币证明了中印在清早期存在着经济文化交往和僧人们对佛祖故乡的敬仰。

第二件秘事：智化寺"京音乐"

国内外佛教寺院，几乎全都庭院静谧，万籁俱寂，耳边偶尔传来的，

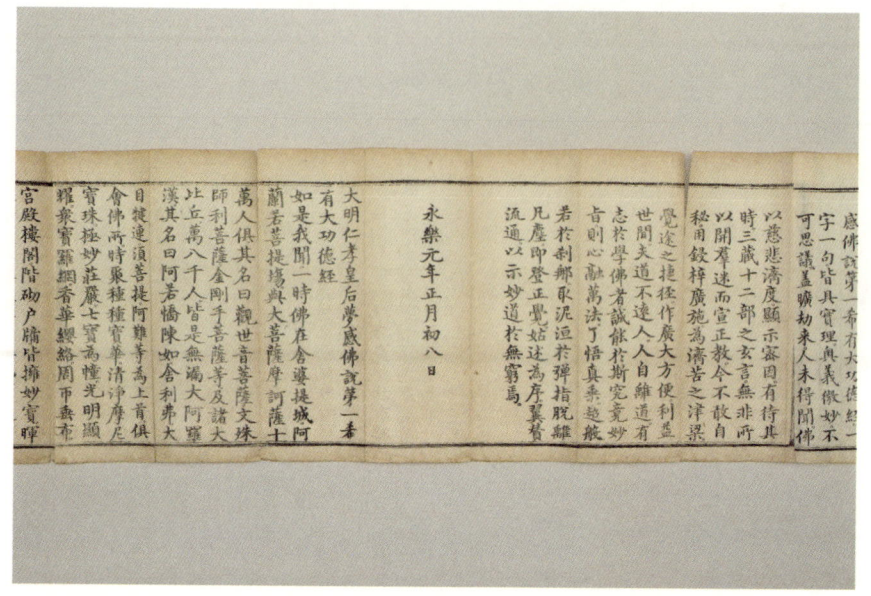

大明仁孝皇后梦感佛说第一希有大功德经 局部

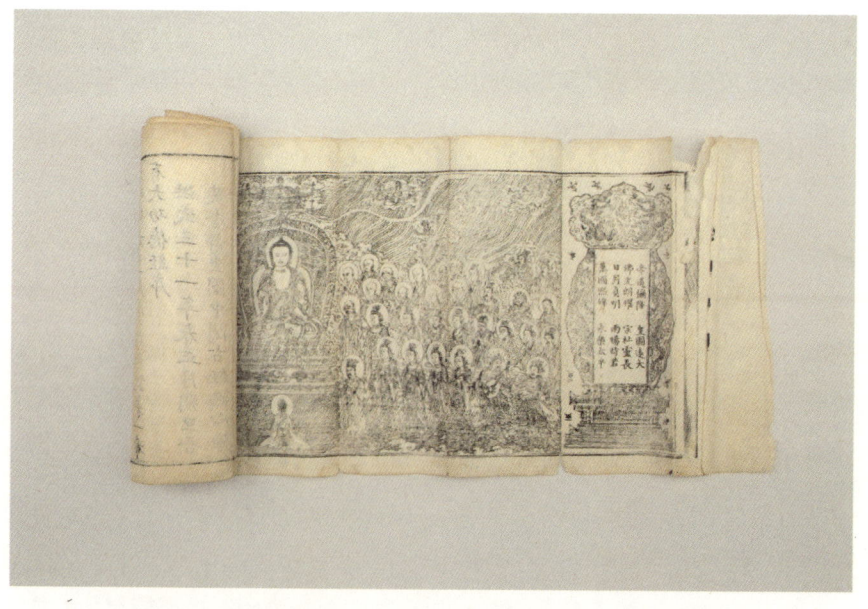

大明仁孝皇后梦感佛说第一希有大功德经（北京文博交流馆提供）

也只有几声鸟鸣与木鱼的敲击声，寺中之人也全低声细语、步履轻缓。僧人们每日里都是吃斋念佛、静心修炼。

可在智化寺内，常常锣鼓齐鸣、笛声悠扬，头戴僧帽、身着僧袍的几位僧人，并排坐在殿前有数百年树龄的梨花树下，手持笛、笙、管、锣、鼓，吹笙鼓簧。其乐曲时而悲凉粗犷，时而欢快细腻，时而激烈高亢，时而轻柔婉转……而这种场景，已有560余年的历史了。智化寺，为明代弄权贪腐的大太监王振"舍宅为寺"而建，当时这里几乎成了他的私人会所。在成为宦官前，王振也曾考中过举人当过私塾先生，可以算个文艺青年。在宫中他卑躬屈膝，在这里则是歌舞升平夜夜笙箫。他还把宫廷乐队的乐师偷偷拉到寺院中常驻。王振在1449年明军与蒙古瓦剌部落作战中，因贪财贻误战机被军中大将锤死（编者注：即著名的土木堡之变）。他虽然死了，可智化寺乐僧演奏音乐的传统却一代一代地流传下来。由于智化寺乐队演奏的是以宫廷乐曲为主，而宫廷高雅乐曲被称为"京"乐，其他寺院或演出团体演奏的民间乐曲被称为"怯"乐，"智化寺京音乐"也就逐渐成为一个固定称谓。

几百年间，智化寺僧人除了收取香客香火钱外，演奏独特的传统乐曲，也成为他们取得额外收入的独门秘技，这也保持了寺院几百年的兴盛。为了生计，寺中古代曲谱一直秘不示人，演奏技术秘不外传。直到20世纪50年代，我国著名古琴专家查阜西和宗教音乐学者音乐大师杨荫浏来到寺内考察调研，寺中留守的老僧人被他们深厚的宗教音乐学识和传承中国古代音乐的热忱深深地打动，才主动把柜中珍藏的一卷卷古代乐谱拿出来展示给他们。杨教授发现这些曲谱完整地保持了中华古老乐曲的特性，并有唐代古乐的遗韵，而且具有不与其他乐曲掺杂的独立性。曲谱全部用传统的"工尺谱"书写，极为珍贵。杨教授不仅对一些古曲进行了录制，还请艺僧们进行了一次公开演出，并在老舍等众多文艺界专家倡导支持下成立

智化寺寺内

智化寺门额

了"智化寺京音乐研究会"。

可悲的是"文化大革命"期间,艺僧们上交的古代乐器被毁,僧人们被遣散。这一无形国宝的保护传承工作中断。改革开放后的1986年,部分僧人才又被请回,又重新排练进行演出,并赴欧洲多国进行了巡演。近几年来,依然有多名欧洲政要、王室成员来到中国后点名要去智化寺参观,聆听京音乐。可其后又因多种原因,古乐的保护传承工作再次停顿。

直到20世纪90年代初,在智化寺内开办的北京文博交流馆再次启动了"智化寺京音乐"抢救传承工作。二十六代老艺僧明慧收下了第二十七代传人胡庆学,倾囊相授。博物馆还招入了中国音乐学院毕业生王娅蕊,专门负责这项无形文化遗产的保护和传承。2004年,在音乐人常馨内女士的无偿帮助下,该馆王丹馆长又组织馆内以第二十七代传人胡庆学为首的小型乐队,在专业录音棚内灌制了高音质CD光盘,曲目包括了《小严华》《金五山》《锦堂月》《拿天鹅》《清江引》等五十首乐曲,"智化寺京音乐"从寺内走向千家万户。

2006年5月20日,"智化寺京音乐"经国务院批准列入第一批国家级非物质文化遗产名录,几百年不懈的持念、传承,终于修成正果。2019年,博物馆还成立了理事会,保利演出有限公司总经理陈科等5位专业人士被聘为理事,为京音乐的传承弘扬出谋划策。目前,寺内仍经常举办古乐演出,使古寺重焕光彩。

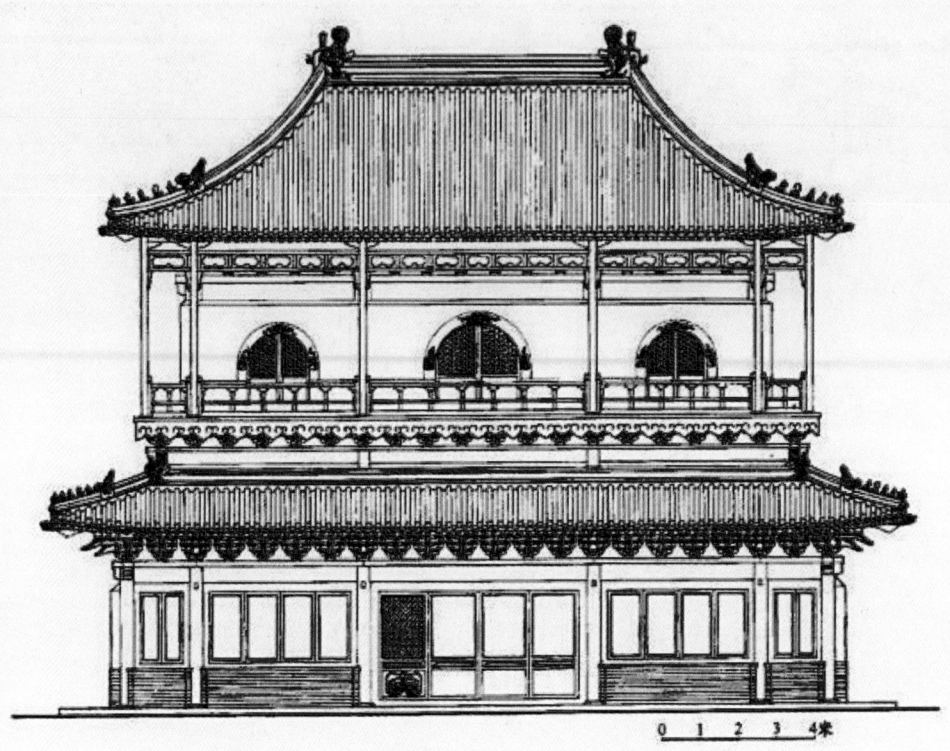

智化寺如来殿与万佛阁立面图

第三件秘事：流失海外的智化寺藻井

凡是走进智化寺的人，无不被其建筑的精美、恢宏所折服。但是，细心的人也都会发现，在其他历史悠久的寺院，大雄宝殿和其他重要殿堂内顶棚中央，都有精美的木制藻井。这是中国古建筑殿堂屋顶的规范做法，不可随意更改。可是，作为全国重点文物保护单位的智化寺，中轴线上的智化殿和万佛阁竟然没有藻井，都用纸张、木板覆盖。其实，这两座大殿历史上都曾有过大型藻井，只不过它们现在已成为美国的两座博物馆的重要藏品，在其馆内常年展出了。

寺院大殿藻井一般都安置于室内佛像的上方，抬头观看如同"深井"，藻井上一般都有彩画、浮雕。智化寺万佛阁藻井为明代大型木雕精品。藻井分三层，下层方形，中层八角形，上层圆形，下层边长 4.35 米。藻井顶部有一条俯首团龙，八角井雕有八条腾云驾雾的游龙，各斗拱间雕有法轮、宝瓶、双鱼等八珍宝及八位姿态优美的飞天。我国已故古建专家刘敦桢先生曾讲道："万佛阁之藻井，金龙盘绕，结构恢奇，颇类大内规制，非梵刹所应有。"

如此艺术精品怎么会流落海外呢？这要从 20 世纪 30 年代来中国研究东方文化的美国人劳伦斯·西克曼说起。

劳伦斯·西克曼在 1930 年以美国哈佛大学与燕京大学交换学者的身份来到中国，可他还接受美国密苏里州堪萨斯城的纳尔逊－阿特金斯博物馆的委托，收集中国古代文物。有一天，当他偶然游览到智化寺时，被万佛阁中那精美华丽、贴满黄金的犍陀罗艺术风格的楠木藻井所倾倒。当时正是智化寺日渐破落，寺内僧人大量盗卖寺中文物的时候。

1986 年，据纳尔逊艺术博物馆馆长马克·福·维尔森介绍，当时西克曼到智化寺时，老和尚正将藻井拆下卖给棺材铺做棺材，西克曼急忙又从木匠手中将其高价买下。西克曼在 1987 年回忆时说："是我们将它从一种奇特的命运中解救出来。"而真正的过程是：西克曼看到藻井，又听说了有寺僧偷卖藏品的事情，就找到了附近一个姓纪的古董商，谈了自己的购买意向。此后，由纪姓古董商先向寺僧买下藻井藏入自己家中，后由他转卖给西克曼，当时作价一千大洋。拆卸困难、雕刻繁复的藻井怎么可能去做棺材呢！为了避人耳目，他们选择一个雨天雇杠夫抬走。与此命运相近的是：智化寺智化殿的藻井，同样被另一个美国人霍雷斯·杰恩买走，现收藏在美国费城艺术博物馆。

1987 年，美国纳尔逊艺术博物馆馆长曾将有关智化寺藻井的历史照片寄给我国。笔者 2000 年曾赴纳尔逊艺术博物馆和费城艺术博物馆参观，见到这两组藻井。它们都被重新修复，悬挂在博物馆展厅的上方，而展厅还

智化寺山门

同时展出了来自中国的壁画和石雕。回国后,笔者又来到智化寺,经走访博物馆仍健在的老乐僧得知,清代末期时寺内僧人都会念经和演奏乐器,市内居民家中有人去世,都会请僧人在白事上演奏"燃口"乐曲,寺院僧人以此技能和香火钱还能维持生计。可到了 20 世纪 30 年代,社会动荡,有能力做白事道场的人家越来越少。个别僧人不务正业并吸食大烟,寺院管理混乱。寺院住持普远开始偷偷地出售寺中礼器和建筑构件。智化寺藻井的流失可以说是内外勾结而产生的悲剧。

正所谓:古刹沧桑五百年,佛经梵音幸留传。国家富强兴文化,古乐国宝重见天。保护传承当首任,千年文明不间断。仁人志士齐努力,不负如来不负天。

屡遭天灾人祸的
《永乐大典》

《永乐大典》是我国历史上第一部卷帙庞大、规模宏伟的大百科全书。它于明代永乐五年（1047年）编成。"大典"达22937卷，11095册，共三亿七千多万字。书中还有无数的涉及人物、建筑、山川、器物的精美插图。参加此书编辑的人员共达2169人，整套书共汇集了明代以前的各种图书约八千种，按韵编排，按类集中，内容极为广泛。天文地理、政治经济、科学文化、医学巫术、文学艺术、哲学宗教无所不包，其研究价值、参考价值极高。还要说明的是，此书是毛笔抄写而成。

明成祖朱棣之所以下令编辑这样一部大型类书，是因为朱棣是靠武力从侄子建文帝手中夺权当上皇帝的，编此书可笼络更多的"宿学大儒"粉饰太平，显示当朝文化的繁荣，稳定时局。全书费时四年才编成，未进行刊印，只有一部抄本保存在当时的国都南京的文渊阁。整部大典全部用最好的宣纸抄写，再用上等的黄绢精心装裱包装。

永乐十九年（1421年），北京都城建成，《永乐大典》被运到北京存入了紫禁城内的"文楼"，但是此后《永乐大典》屡遭劫难。

明代中期嘉靖年间，皇宫发生大火，三大殿和"文楼""武楼"都遭火焚，多亏嘉靖皇帝朱厚熜对《永乐大典》十分珍爱，一夜间下达三道金牌命令灭火抢书，才使其免遭被焚厄运。为了防止以后再出现不测，嘉靖帝下令再摹写一部副本。而仅仅这项摹写工作，也用了6年时间。此后原抄本存于皇宫内的文渊阁，副本存于皇城内的皇史宬。皇史宬整个建筑为砖石结构，无一件木料，被称为"金匮石室之储"，原本的功能只是储存皇家档案，《永乐大典》入藏，是享受到极高的待遇。这样做的目的原本不过是为以防万一，可历史的发展却恰恰证明朱厚熜的担心是完全必要的。在明朝灭亡之际，紫禁城内的文渊阁再度发生火灾，《永乐大典》正本最终被全部焚毁，副本成了孤本。

到了清代雍正年间，《永乐大典》孤本从皇史宬移运到北京东交民巷的翰林院敬一亭，以便那里的高儒大雅们学习研究。但是可悲的是，到了清朝后期朝廷腐败不堪，翰林院的官吏们不但不加以研究、利用，反而监守自盗。他们上班时用包袱裹一堆衣服，下班时衣服穿于身上，包袱则裹挟各种珍贵书籍溜出。清代笔记《苌楚斋随笔》记载道："早间入院，带一包袱，包一棉马褂，约如《大典》二本大小，晚间出院，将马褂加穿于身，偷《永乐大典》二本……包于包袱内而出也。"光绪元年（1875年），重修

屡遭天灾人祸的《永乐大典》 209

《永乐大典》封面

《永乐大典》内页

翰林院清点院内大典时，仍剩下五千余册，待二十年后再清点时，已然只找到 800 余册。说来让人哭笑不得，这些大学士、官吏的偷盗，倒是免除了这些古籍将要陷入的灭顶之灾。

1900 年爆发义和团运动时，《永乐大典》再遭厄运。1900 年 6 月 23 日，打着"扶清灭洋"旗号的义和团，攻打位于翰林院旁的英国公使馆（现天安门广场东侧公安部院内，原英国公使馆主楼仍遗存至今）。在久攻不下之后，义和团想到借东风火攻"妙计"，直接点燃了与公使馆一墙相隔的翰林院！珍贵古籍成了武器和他们攀爬墙头的垫脚石。

庚子劫难之后，英公使曾派人捡拾了残留的部分文献、书籍，并致电清政府说明情况，其后又将这部分文献和书籍送交清政府总理衙门。而那时北京的古玩市场，《永乐大典》标价十块银元一册，生意火爆。

经过这场浩劫，《永乐大典》副本只剩下了 60 册。而即使这剩下的几十册在国民党统治时也未能保全。1948 年，美国人又把燕京大学图书馆的一册《永乐大典》运回美国，此册是当时北京地区唯一留存的一册。

1949 年新中国成立，中华民族再一次挺起脊梁屹立于世界民族之林。1955 年 12 月，德意志民主共和国总理格罗提渥访问我国时，将 1900 年德国"远东派遣军"从北京抢走，后又存于德莱比锡大学图书馆的三册《永乐大典》归还中国。此后苏联也归还了抢走的部分分册。回归的《永乐大典》分册，被入藏到国家图书馆。这些分册的内容对研究我国历史具有十分重要价值。例如，德国归还的分册中，有一册全卷叙述了广东潮州的地理建置、沿革风物、田赋、古迹等。苏联归还的"部"韵中吏部条法，可以说是南宋期间吏部编纂的一部法律全书。

《永乐大典》除流散到国外的那些以外，也有一些流散到我国民间，并有相当一部分被毁掉。1983 年，出版部门在山东民间征集古旧图书文物时，竟从一农村妇女手中征集到一册被裁剪成"鞋样儿"的《永乐大典》。为使

《永乐大典》流传下去并能发挥它的价值，1959年我国将境内的215册《永乐大典》和原复制的730卷一同影印刊发，使《永乐大典》走入了全国各地的图书馆，供读者研读。

2018年9月，国家图书馆下属的国家典籍博物馆还举办了"旷世宏编，文献大成——国家图书馆藏《永乐大典》文献展"，让观众一睹其真容，了解其背后的故事。

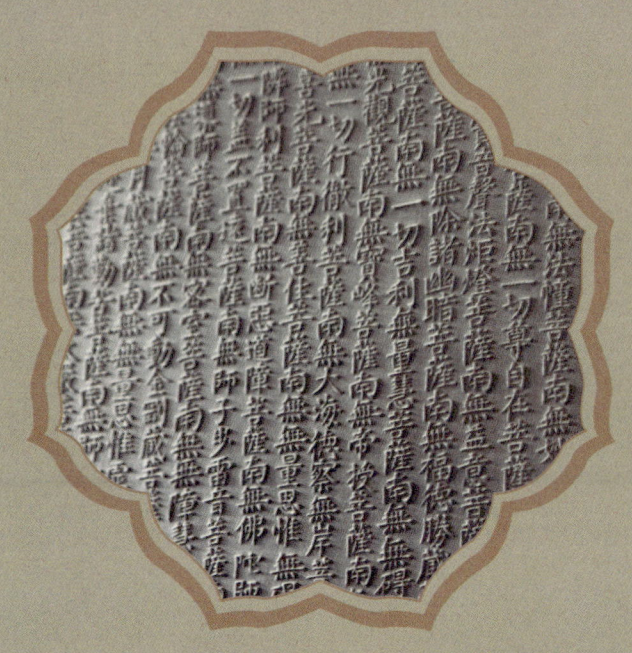

三次迁徙一度废弃的永乐大钟

  在北京西郊海淀区双榆树三环路边,保存有一座规模宏大的清代皇家寺院——觉生寺。它始建于清朝雍正年间,建寺时这一带是"长林佳茂""右隔城市之嚣,左绕山川之胜"的"寂静清修之所"。由于寺内大钟楼悬挂着一口铸造于明代永乐年间被世人尊称为"钟王"的青铜大钟,寺院也被俗称为大钟寺。

  这口永乐大钟可称得上世界奇观!它通高6.75米,直径3.3米,壁厚

94—182毫米，总重约46.5吨，造型庄重、浑厚，近观有泰山压顶之势，虽然大钟悬挂极其稳固，却少有人敢于在钟下驻足。永乐大钟通体内外还铸满了经文，共达二十三万多字，每一字都隽秀、规整。此钟是世界上铸有文字最多的一口大钟。而且，除汉字之外还有古印度文字、兰查体梵文。制作这样一口精美的巨钟，无疑需要有高超的技法。据记载，当时工匠们先在地下挖了一个大坑，在坑内用砖石砌筑实心钟体做内模。再在表面抹上细泥、刻字，而后高温烧制成陶范。依此方法再做出外侧陶范。内外陶范支架套装好之后，在大坑附近架起数座炼铜炉，同时烧化几十吨铜水，最终一起灌入陶范内一次浇铸成功。由于大钟设计铸造极为科学，又兼具所含铜、锡、铅、银等各种金属比例恰当、纯度较高的优点，铸后悬之不脱、不变形、不开裂，撞之"声闻数十里，其声宏宏，时远时近"。在五百多年前的明朝，制造这样一口巨钟所耗的人力、物力是相当可观的。可为什么要铸造这样一口巨钟呢？这里隐藏着一个秘密。

永乐皇帝朱棣是明朝开国皇帝朱元璋的四子，他在开创明朝基业、消灭元朝的战役中屡立奇功，后被封为燕王镇守北平。待朱元璋去世、皇孙朱允炆继承了皇位，朱棣心中很是不服，他便以清除皇帝身边的奸臣为借口谋反，最终凭武力从侄子手中夺取皇位。为巩固皇权，朱棣称帝后对异己大臣进行了血腥镇压，株连九族，鞭尸掘墓。到了晚年，对自身罪恶的恐惧、悔恨如同阴魂般困扰、纠缠着他，使他寝食不安、坐卧不宁。最终还是辅佐他打天下的僧人、已封为荣国公的姚广孝为他想出了一个妙计。

这位姚广孝绝非一般僧人，历史被传为"黑衣宰相"。他出生在江苏苏州，年轻时出家为僧，饱读诗书，精通儒、道、佛三教。在他与朱棣初次相见时，朱棣询问他有何本领，他自信地说："如果王爷重用我，我可以送王爷一顶白帽子。""王"上加"白"乃为"皇"。朱棣立即聘请他为自己的高参相伴左右。在朱棣取得天下后，姚广孝劝其实施休养生息、发展文化

永乐大钟局部图

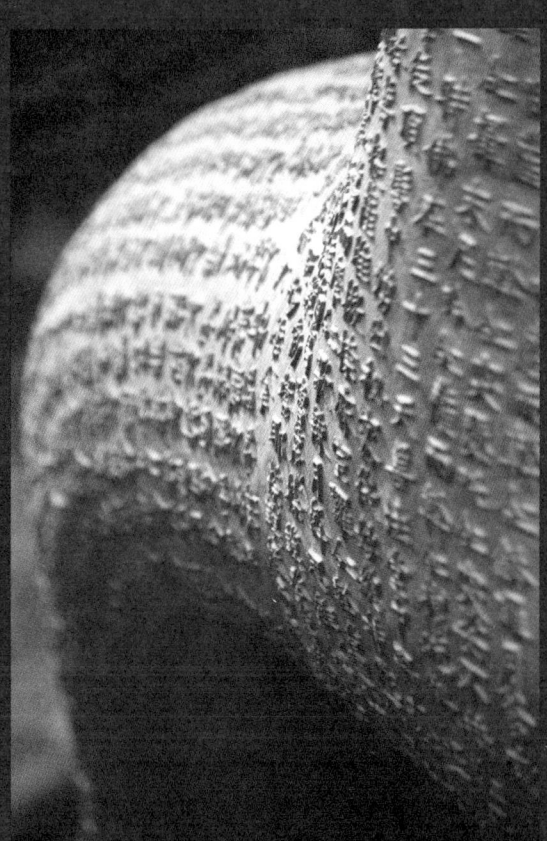

永乐大钟近景

大钟寺大钟楼

俄罗斯克里姆林宫内大钟

经济的政策，被封为"太子少师"等官职。因为姚广孝白天穿素色僧袍上朝，晚上回寺院住宿，所以被称作"黑衣宰相"。他晚年还受朱棣指派主编《永乐大典》，死后破例被列入明祖庙享祭。

姚广孝深知朱棣的心理，于是在朱棣晚年时，劝他铸一口天下独一无二的大钟，在钟上铸刻经文，让僧人每日念经撞钟，如此这般必可慰藉亡灵，超度众生，驱散阴魂。而且，中国古代有"惟功大者钟大"的祖宗规矩，对众臣和百姓可哄骗说是铸大钟为庆贺朱棣的功勋。姚广孝是朱棣的心腹，朱棣又迷信佛教，自然言听计从依计而行。他还特意掩人耳目地命令在钟上铸刻"敬愿大明一统"的铭文。1420年永乐大钟铸成后，他下令陈列在专门印刷佛经、为皇家举办佛教法事的汉经厂内，由皇家供养的僧人们每日诵经撞钟。汉经厂紧邻紫禁城的东南侧，朱棣不仅可以经常拜访，就是在皇宫内也可听闻其声，自然可以得到一些心灵的安慰。但是，在朱棣死后，永乐大钟的命运却出现了波折，险些被毁。

永乐皇帝驾崩后，汉经厂开始走下坡路。到了近150年后明神宗朱翊钧当皇帝时，汉经厂已房屋破旧、荒草没膝，鲜有人问津。可永乐大钟终究是祖宗的遗物，恰好当时位于京城西郊长河北岸的皇家寺院万寿寺备受青睐，香火旺盛。于是朱翊钧下令迁钟于万寿寺。迁钟在当时成为京城的一个特大新闻，百姓涌上街头争相观看这一奇观。一首古诗记载了当时的盛况："十龙不惜出禁林，万牛回首移山麓。……道旁观者肩相摩，车骑数月犹驱逐。"一座巨钟竟运送了几个月，万牛齐拉。

按理说费这么大力气才移入寺内，应该好好照料供奉，保持诵经撞钟的传统。可永乐大钟移入寺内没过一二十年，在明天启年间就被从高悬的横梁卸下来，放倒于地上。原来，明天启年间山东爆发了白莲教起义，北京城发生了兵变，当大臣们按皇帝的命令寻找社会动荡的根由时，竟然认为是永乐大钟在作祟。因为万寿寺位于皇宫右侧，按我国古代前为朱雀、后为玄武、左为青龙、右为白虎的相术学说，万寿寺正位于虎方。永乐大钟声震四方，必然造成"龙弱虎强"的局势，国家必不安稳。于是大臣和术士们向皇帝进言："帝里白虎方不宜鸣钟。"昏庸的天启皇帝立即准奏。就是这样一个可笑的、愚蠢的理由，就造成了"卧钟于地"。

永乐大钟卧倒于地并没能保证明朝江山永固，倒是江山易主又给永乐大钟带来了命运的转机。一百年后到了清代雍正年间，社会安定，经济发展，永乐大钟慰藉亡灵的秘密和"龙弱虎强"的威胁都已成为历史，人们再不忍看着它沉睡在地上。又有大臣奏请悬钟。术士们也认为大钟悬于当时正在兴建的觉生寺后院对江山社稷有利。雍正皇帝准奏，下令在寺内北部建大钟楼。但迁移大钟是一件大事，自然又请术士们占卜吉日。最终等到了"天元一气"的乾隆八年这一吉祥年月，才将永乐大钟移入觉生寺。这也才确保了永乐大钟留传到今天。

附记：

大钟寺目前被开辟为北京古钟博物馆，寺内展出大量中国古代钟铃镈铎和一套仿制的战国曾侯乙编钟，以及西洋钟铃，介绍钟铃文化，并在每年岁末夜晚敲响永乐大钟迎接新春，声传数十里，尾音达两分钟，声音"幽雅感人，益寿延年"。

在俄罗斯克里姆林宫内陈列着世界上最重的一口大钟，重约220余吨，铸造于18世纪30年代。但是，它在铸造时因一次失火时泼水救火被炸裂，钟唇处破碎掉一块，成为无法鸣响的哑钟，只能在庭院地上陈放。

大隐隐于市，险被拆除的于谦祠

  北京的十里长街，应该是中国最著名的一条街了。街上的著名建筑、文物古迹也都大多为世人所知：天安门、国家博物馆、中南海、首都博物馆、古观象台、民族文化宫……可同样在这条街上，还有一座古建筑，如同一位大隐隐于市的得道高人，淡然低调地隐于长安街的高楼大厦之间。它就是位于建国门内长安街南侧，华厦银行大厦和中国农业银行大厦（南楼）之间的于谦祠。

于谦祠

于谦祠大门

于谦祠所在的这一区域，从清初至 21 世纪初，一直称作西裱褙胡同。在它北面是古时实行科举考试的贡院，文人们考试前后都来此购买文房四宝和书画古籍，因而也带动这一带的装裱行业，形成这条以"裱褙"为名的小胡同。元代时剧作家汤显祖曾居住于此，诗人何其芳、桥梁建筑家茅以升等当代名人也曾在这条古巷内居住。到了 20 世纪末，这里开展了沧海桑田般的大规模建设，这一区域十几万平方米的老旧建筑全部拆除，单位和居民全部搬走。只有一座小院被文物部门死守，坚决不同意拆除或迁建，它就是于谦祠。

从 2004 年拆迁开始至 2020 年，小院一直闲置，无人问津。周围的高楼大厦和高大乔木将其遮挡，使其突显逼仄。可如果人们了解了小院的主人，知晓了在清代光绪年间皇帝还亲自下令修缮小院、修补塑像，可能就不会再小看它了。

小院最初的主人于谦，可以说是北京古城的第一大恩人！于谦，字延益，1398年（明代初年）生于浙江钱塘。传说他自幼聪颖好学，才思敏捷，常常出口成章。1421年，年仅24岁的于谦考中进士，第二年被任命为监察御史，开始了仕途生涯。

有史料记载，于谦连续18年离开亲人独自一人先后在西南地区、山西、河南为官。而无论在哪里，他都一心为民，体恤百姓，兴利除弊，惩治贪腐。而对自己他更是严于律己，近乎苛刻。明代时期，地方官进京奏事，且不说贪官，就是清官，也要或多或少都带上一些地方"土特产"孝敬京师的大员，还有那些权倾朝野的宦官们。于谦的同僚也常劝他顺应潮流。而于谦的回答却至今为世人传诵、敬仰："手帕蘑菇与线香，本资民用反为殃。清风两袖朝天去，免得闾阎话短长。"做官不能让老百姓背后非议咒骂！当地老百姓都爱戴地把于谦比作宋代包拯，称他为"于龙图"，甚至建生祠奉祀他。从他当地方官所作《喜雨》一诗，也可了解他的爱民之心："日入千山黑，层云构夕阴。一声雷送雨，万国土成金。品物回生意，闾阎诵好音。天公应有在，知我爱民心。"于谦还曾赋诗（《题犬》）怒斥贪赃枉法的权贵阉党："护主有恩当食肉，却衔枯骨恼肌肠。于今多少闲狼虎，无益于民尽食羊。"于谦这种刚直不阿的作风自然会得罪当时掌权宦官王振之流。就在他仍一心一意为百姓做事时，却被诬陷入狱，要论罪处死。但是，百姓心中有杆秤，当时山西、河南的官吏、百姓全都替于谦喊冤，"请留谦者以千数，周、晋诸王亦言之"。大理寺被迫重审案情，于谦才得以洗冤生还。

1447年，于谦因才华出众办事干练被调入京师，担任兵部侍郎。从那时起，他就住进了西裱褙胡同的这座小院中。他刚到任时，并没有做出什么经天纬地的巨大成就，只是细致深入地调研全国军备部署，克勤克俭，低调地处理日常公务。可正所谓危难之时方显英雄本色，在于谦进京的第

于谦祠保护标志

三年,历史这公正的考官把天大的难题摆在他和朝中其他官吏的面前。

1449年,明朝北面的蒙古瓦剌部落大举进犯京师。当时,瓦剌部队已经在现张家口怀来一带的土木堡,战胜了贸然出击的明朝二十万精锐大军,并俘获了明朝英宗皇帝朱祁镇。随即,瓦剌军势如破竹一般兵临北京城下。此时,朝廷内已被悲观无望的情绪所笼罩,大臣和皇亲国戚们为了自身的荣华富贵,全都建议迁都逃跑。惊慌失措的皇后还曾私下给瓦剌军送去数车珠宝,幻想能换回皇帝。于谦内心深知,一旦朝廷逃跑,蒙古兵攻进城内必如他们刚刚进入大同城的所作所为一样,"草房焚烧,人迹萧疏,十室九空",不仅北京古城会像金代都城一样荡然无存,百姓也将生灵涂炭。他在朝廷上义正词严地批驳了逃亡派,细致地分析讲解了战局和敌我双方的优势,提出了固守京师的建议。他还临危受命,担当起兵部尚书之职,全权指挥对瓦剌军的作战。北京保卫战,不仅让人们见识到于谦的英勇果断,也让人们见识了他的雄才大略。他一方面顶盔掼甲亲自上阵迎敌,同时急令各地调运粮草和军队支持。并从自己曾任职的山西、河南等地紧急征调壮丁充军,使京师部队迅速增至二十余万。

为了打消瓦剌军以英宗皇帝作要挟的念头,稳定军心民心,他又果敢地在大战之前拥立朱祁镇的弟弟朱祁钰为皇帝,改年号景泰。先皇朱祁镇再发出任何命令都视为无效。他传令:京师九门紧闭,明军出德胜门外迎敌。并严明纪律,士兵有临阵脱逃者一律斩首。经过多日艰难惨烈的巷战,瓦剌兵最终不得不丢盔弃甲，扔下毫无用处的英宗皇帝逃回北方大漠。

为国家立下汗马功劳的于谦，战后并未居功自傲，在皇帝论功奖赏其豪宅时也婉言谢绝，仍住在西裱褙胡同的这个小院中。在景泰初年，他监督修缮战后的城墙。有一天，他看见工匠们搬运石灰，感慨万千诗性大发，随口咏出一首绝句以明心志："千锤万凿出深山，烈火焚烧若等闲。粉身碎骨浑不怕，要留青白在人间。"

然而，在一朝天子一朝臣、君王独裁的封建社会，忠臣大多难得善果。1457年，明英宗在太监们的帮助下，夺权复辟重新登上皇帝的宝座。反攻倒算的至暗时刻到来，曾拥立新皇的于谦自然首当其冲，被下令处斩。

据传说，处斩于谦时，全城百姓跪拜，刽子手不忍心斩杀忠臣，自杀于刑场。抄家的锦衣卫到了于谦家中，才发现堂堂一品

德胜门箭楼

于谦祠院内

于谦祠内景

于谦祠正面

大员家中几乎是家徒四壁，一些士兵都默默地流下眼泪。

九年后，明英宗死亡明宪宗朱见深登基继位。在满朝大臣呼吁下，深知于谦冤情的明宪宗下令为于谦平反昭雪，赐谥号"忠肃"。明万历二十三年（1595年），又敕赐于谦生前居住的这个小院为"忠节祠"，以祭奠其在天之灵。此后，小院在明清两代不断得到修缮。清代时，小院门楣上高悬"于忠肃公祠"匾额，院内的小楼上层是"奎星阁"，供奉于谦塑像。有档案记载，清末光绪年间，国家还拨款进行过修缮和祭祀。

这座小院在20世纪末险些被拆或被搬走。当时建国门内大街及西裱褙胡同已被纳入开发范围，这一带的胡同、四合院和许多近现代建筑（包括几座西洋式楼房）都先后被拆。于谦祠所在地块也列入拆迁范围。北京市文物局了解此情况后，依据文物法规提出：于谦祠是市级文物保护单位，历史地位重要，绝不允许拆除。而且，搬迁保护的措施也不可取，它离开了原地，文物价值、文化价值也都会受损，坚持原地保护。交锋的结果，虽然于谦祠保住了，可它周围则盖起了高楼，它被隐藏在高楼大厦之中，十几年几乎无人进入。

2011年春天，笔者以查看文物保护的名义走进小院内。院内除修葺一新、保持清代风格的建筑之外，已无任何遗迹可寻。由于多年无人使用，墙面上长起绿苔。但是，院内的古树、树下的芳草都已吐出淡绿色的嫩芽。这古树曾见证过忠肃公在这小院内为国家辛苦操劳、披星戴月、秉烛不眠。而这新枝、这芳草，一如于谦坚韧不屈的精神，寒冬过后依然将一片春意呈现给人间！恰如于谦当年所赋诗词《北风吹》："北风吹，吹我庭前柏树枝。树坚不怕风吹动，节操棱棱还自持。冰霜历尽心不移，况复阳和景渐宜，闲花野草尚葳蕤，风吹柏树将何为？北风吹，能几时！"

附记：

2020年，东城区文化旅游局已经将小院中的二层"奎光楼"和后院一间平房布置了展览对社会免费开放。院中其他房屋仍做他用。祠中原塑像未恢复，以画像代替。

于谦开展"北京保卫战"的德胜门，在明代时是由牌楼、护城河、箭楼、城楼、闸楼、瓮城、真武庙等组成的一组军事城防建筑。在20世纪初，德胜门瓮城、城楼等建筑不断被废弃、打开豁口。1969年为修建地铁，北京明清古城北侧古城墙和德胜门城台（城楼已坍塌）、瓮城、真武庙等古建筑全部被拆除，院内明代石碑被推倒。由于德胜门箭楼距离德胜门城楼北侧有128米，不影响地铁建设，幸运地被保留下来。在20世纪80年代，德胜门箭楼得到全面修缮，并复建了真武庙部分建筑。1992年，这里开辟为北京市古代钱币展览馆对社会开放。

德胜门箭楼城台高21.6米，楼高19米，箭楼为绿色琉璃瓦覆顶的重檐歇山式建筑，雄伟高大，固若金汤。2006年被列为全国重点文物保护单位。目前，箭楼内有"古代军事城防文化展"，展出大量文物。真武庙配殿有古代钱币展览，介绍中国古代钱币发展史和古代压胜钱（又名"花钱"，即古代的纪念币）文化。

机缘与天意,景德街牌楼"复活"展出

  位于长安街上免费开放的首都博物馆,近几年已成为北京市文化休闲、文化旅游的热点。博物馆建筑高大气派,展览丰富多彩,公共空间开阔舒朗。一进门馆内的大堂,面积达 2000 平方米,高约 34 米。大堂正前方雄伟壮观、流光溢彩的"景德街"牌楼更是彰显着皇家建筑的恢宏气势和文化古都的特有底蕴。这座牌楼可以说是整个大堂的画龙点睛之笔,它也是首都博物馆收藏和展出的最大一件藏品。但是,首都博物馆当初设计和建设时并没有它的位置。它能来到博物馆展出，可以说是机缘巧合！真如同古人所说"自古天意高难问"，又像哲学家所说的"机会只留给有准备的人"。

故事还得从 2004 年讲起。首都博物馆建设完成在即，北京市文物局梅宁华局长主持讨论博物馆展览大纲和进门一层大堂的陈设。

首都博物馆党委书记崔学谙介绍，博物馆大堂地面中央，按原建筑设计留有一道南北贯穿的沟槽，原计划安置一组浮雕或微缩景观，上面覆盖玻璃或裸露展出。可是这组景观的设计制作者和展示内容迟迟难以选定。其间，中央工艺美术学院教授、壁画大师杜大恺先生提出过一项中轴线浮雕的建议。博物馆专家认为，大堂中央地面展示内容不能太吸引人，那样不利于人流疏导，而且割裂大堂的整体性，只适合安置装饰性作品。可宽阔高大的大堂里摆放什么展品，让观众一进门就能被吸引和震撼，又成为一道难题。当时会议已经开到晚上，梅宁华局长让大家畅所欲言。有说放立式佛像的，由于体量小被否定；首都博物馆韩永馆长等还提出汉阙、石坊的建议。韩永曾任北京石刻艺术馆馆长，该馆镇馆之宝东汉幽州书佐秦君墓表就是他征集的。当年许多石刻文物都是他们用人力板车拉回馆内的。大型石雕确实高大、厚重，拥有气势，可由于色彩和风格与大堂环境不协调，还是未能立刻采纳。

那一年，笔者在博物馆处任副处长，是参会年龄最小、级别最低的。由于自己平常特别喜欢逛文物古迹，常看到许多高规格的古建筑门前都有牌楼，特别"提气"，顺着大家的思路，我就冒着胆子说了一句，能不能放置个牌楼。牌楼可以说是中国古代建筑的一张文化名片。其发展历史可以追溯到先秦时期。《诗经·陈风·衡门》有云："衡门之下，可以栖迟。泌之洋洋，可以乐饥。"诗文大意是说，在城门外有带有顶梁横木的木门，可以停靠小憩，渴了还可喝一口流淌的护城河水。这时期的木门是为了装饰

机缘与天意,景德街牌楼"复活"展出 229

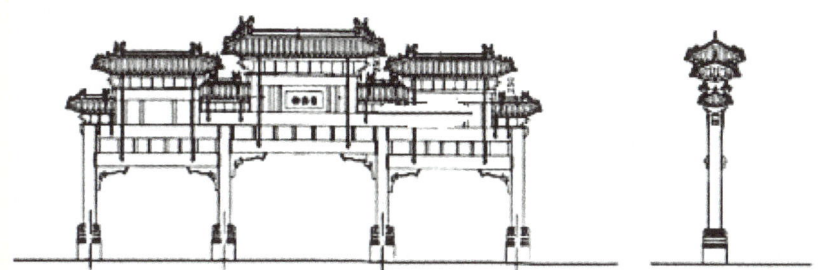

景德街牌楼立面建筑图

北京古代建筑博物馆中展出的景德街牌楼斗拱

首博大堂

首博

作用，还是为刻写城名，不得而知。不过，随着历史的发展，从陵墓、祭坛到园囿、街巷，这种立于户外只有立柱、门楣没有门槛、门扇的"门"式建筑，逐渐广泛应用起来。其外型越来越美观、烦琐，立柱或方或圆，门上方逐渐从简单的横梁演变为石木砌筑、砖瓦覆顶的"屋顶"形状。其功能也愈加丰富多彩，或为颂德表节宣传礼教，或为标识地名告之地界，还有的纯为显示威仪装饰环境。其文化内涵也愈加厚重精深，上方的匾额、立柱上的对联、周身的雕饰彩画，都成为文学艺术、书法艺术、美术艺术的经典。这种建筑最终定型为中华传统建筑中特有的建筑形式——牌楼。对牌楼的形制，几楼几柱，何种彩画，也逐渐有了官方明确的规定。牌楼，曾是古都北京重要的地标式建筑。城门前、街巷口、坛庙中，几乎随处可见。

在我说完后，又有与会人员提了许多建议，包括设计制作大型装置艺术品、大型浮雕等。会议快结束时，梅宁华局长拍板：北京是文化古都，大堂内设置牌楼比较好，从文化的传承和展示，从高度、体量和空间布局上都比较合适，就是不知道地面承重怎么样，因为地下一二层是设备层和库房，而且建什么样的牌楼也需要仔细斟酌。梅局长讲完后，主管博物馆工作的舒小峰副局长主动承担了进一步研究分析、细化方案的工作。那时候，把新馆建设成国内一流的博物馆，成为所有参与者一个共同的理想和目标。

在以后的几天里，真可谓喜讯频传！舒小峰副局长经咨询北京市古代建筑博物馆陈旭馆长得知：在该馆保存了一批原历代帝王庙"景德街"牌楼的木构件，从工艺上可以重新修复起来，不必造一个新的。

韩永馆长经咨询建筑设计部门得知，大堂地面承重没有问题。北京市文物局领导们最后确定，大堂的沟槽填平，待将来有好的创意和设想再挖开建设；大堂内陈设"景德街"牌楼！这个决定，不仅解决了首都博物馆大堂的展示布置难题，也告慰了古建筑大师梁思成先生的在天之灵！

历代帝王庙位于北京市西城区阜成门内，与白塔寺毗邻。它始建于明代嘉靖十年（1531年），庙中景德崇圣大殿内最初供奉了三皇五帝和历朝历代的开国君王。到了清乾隆时，祭祀的君王达188位，包含了各民族各朝代除去昏君和亡国之君的所有帝王，每一个帝王都立有牌位。大殿两旁的配殿中还供奉了诸葛亮、岳飞、文天祥等79位忠君爱国之臣，强调"中华统绪，不绝如线"。历代帝王庙大殿与故宫"金銮殿"同样规格，原本位于其院内的"景德街"牌楼，也按官式建筑的最高规格营造。牌楼为四柱七楼式，楼顶铺设绿色琉璃瓦。"景德"为景仰先辈恩德之意，明清时期，历朝皇帝都要来此祭拜。

到了民国时期，封建帝王被赶下神坛，庙内清朝官吏被遣散，这座庙宇的功能彻底转变。中华教育改进社（社团）、国民党区党部、小商贩、河北省国术馆、"幼稚师范学校"、市立第三女中等都先后进驻庙内，庙内供奉用的古代器物，被北洋政府内务部收走保管起来。。新中国成立后，这里成为北京市第一五九中学校舍。

新中国的成立，又一次拉开了北京古城大规模改造的大幕。历代帝王庙门前的阜内大街需要大尺寸拓宽，原在院内的牌楼，成了马路中心的拦路虎。1953年，北京市政府决定拆除"景德街"牌楼等一批位于城市主要干道上的牌楼。建筑大师梁思成夫妇闻知此事后，与市长和相关部门领导发生当面争吵、辩论，还召开了论证会。据一位不愿在此文中透露名姓的老专家告诉笔者，在这期间还有一个小插曲，梁思成先生作为北京市都市计划委员会副主任，组织专家在中山公园召开会议，讨论保护北京街巷中包括牌楼、城门在内的古建筑时，某市领导还鼓动包括掏粪工、车夫、司机等一些"工人阶级代表"，去"喊话""申冤"，说明街巷中的古建筑尤其是牌楼、城门楼子，对交通造成极大的阻碍，不利于北京的工业化建设。

梁思成等专家终究势单力孤，景德街牌楼等一批牌楼最终确定拆除。"梁思成难过至极，伤心落泪了好几天。"他认为这座牌楼雕刻最为精美，装点着街市景观。从它东面向西望去，有阜成门城楼的衬托，晴天时可看到西山，尤其傍晚日落时特别美……

梁思成夫人也是造诣深厚的建筑学家。她曾与梁思成一起留学美国，学习美术和建筑学，20世纪三四十年代又曾陪梁思成考察测绘过全国数千处文物建筑，新中国成立后参与了国徽和人民英雄纪念碑的设计。思想纯粹、性格耿直的她，当得知景德街牌楼必须拆时，感到气愤、无奈、惋惜。她有预见性地说道："有一天，他们后悔了，想再盖，也只能盖个假古董了。"

值得庆幸的是，北京建设局养路工程事务所的工程技术人员在开展拆除工作时，还是听从了梁先生的劝告，拆除前做了测绘、拍照，拆卸时也是细致小心地记录，收存了斗拱、花板、匾额等主要建筑构件，使这件"国宝"虽然毁于一旦，但是却并未彻底永远消亡。

这些构件在以后的五十年中，几经辗转，先是存入了阜成门外建设局仓库，后又运至海淀区大慧寺（海淀区文物保管所库房）。1991年北京市古代建筑博物馆在先农坛内设立开放，这批构件又调拨入该馆收藏，运输时用大型卡车足足拉了三天！

首都博物馆大堂选用景德街牌楼，真正体现出博物馆传播历史文化，收藏、保护并向公众展示人类活动和自然环境的见证物这一光荣、神圣的使命！

重新立于首都博物馆大堂的景德街牌楼，下部四根红漆立柱由白色汉白玉夹杆石包裹，上部额枋绘满点金旋子彩画，花板上有浮雕龙凤云纹，正中央的蓝地贴金凸字的楷书"景德街"匾额庄重大气，整个牌楼尊贵豪华，重现当年万人景仰、弘扬先辈恩德之风姿！

在它光彩照人的正面背后，其实还隐藏着两个小秘密：一是当初历代帝王庙前东西各有一座牌楼，同时拆除并收存了构件。首都博物馆修复展出的这座牌楼，实际上是两座合成的一座。二是如果观众绕到牌楼后面可以看到，牌楼背面的彩画仍然保持了当年拆卸时的斑驳褪色、布满裂纹的原样，只做了防腐防虫处理，目的是让人们能够认识和了解历史的真相。

另外，2003年一五九中学也搬离了历代帝王庙，国家投巨资进行了修缮，庙宇殿堂及内部陈设恢复了历史原状，开辟为博物馆对社会开放。

正所谓：曾立皇家帝庙中，万人景仰何其重。被毁蒙尘五十载，辗转多地难老终。改革开放曙光现，京华古城文博兴。 首博大堂重展颜，金碧辉煌现天工。中华文明千秋计，文物古迹为见证。保护传承为根本，子子孙孙永宝用。

八国联军分赃掠走的古观象台天文仪器

在北京长安街建国门立交桥西南角,有一座敦厚雄伟的方形古代砖石建筑——古观象台,它也是北京古城的地标性建筑。而台上安放的八件大型古代青铜天文仪器,在阳光下仍闪烁着浑厚、古朴的光芒,更是令所有走过这里的人都不禁回眸一望,为我们祖先的聪明智慧、科学创举感到骄傲自豪。可是,人们大多不会想象得到,这些天文仪器还有过20年被挟持到国外、背井离乡的经历!

地平经纬仪

中华民族是世界上仅有的几个从远古时代就开始"观象授时"、进行天文观测研究的民族。早在3000多年前我们的祖先就有了历法,公元前4世纪战国时期,魏国人石申就写出了《天文》一书。书中的星表,描画出了宇宙中的100多颗恒星。在公元5世纪,我国科学家祖冲之演算出了回归年数为365.2428天,这也早于欧洲好几百年。中国古代科学家们在勤于观测天象的同时,还致力于天文仪器的研制。战国时期就设计制造了浑仪,东汉时又有了"太史黄道铜仪"。中国的古代科学家认为,整个宇宙就是一个浑圆的、如同鸡蛋一般的圆球。地球藏在中央,星星都镶嵌在蛋壳表面。

依据这一理论，古人制造出圆球形浑仪，并在球体表面标注出观测到的每一座星体。

为便于观测，古代天文学家们还在开阔的地方构筑高台，早期被称为观星台。我国最早的天文台是河南登封观星台，创建于周代，现在已列为世界文化遗产。

北京古观象台建于明代正统七年（1442年），台高14米，宽约24米，台下还建有议事办公的紫微殿、东西厢房。古观象台建成后，便将已于明正统四年铸造的浑天仪、璇玑玉衡、天体仪及元代郭守敬造的简仪等天文仪器一同安放在台上，用于观测、推演。到了清代康熙八年（1669年），康熙帝又令比利时人、耶稣会传教士南怀仁，根据中国古代天文仪器的传统风格、技艺，结合欧洲的科学成就，设计督造了赤道经纬仪、黄道经纬仪、天体仪、地平经仪、象限仪、纪限仪，并将它们放在台上，替换明代的天文仪器。南怀仁设计的天文仪外形高大美观，支架上部雕有游龙，内部结构精巧、先进。例如，重达3850公斤的天体仪，由一个直径六尺的空心铜球、子午圈组成，球上刻有1870颗星体。它们都旋转自如，可以非常迅速、准确地测算出某时刻日月星辰在天空上的位置。康熙五十四年，耶稣会传教士法国人纪理安奉旨又设计督造了采用西方文艺复兴时期法式艺术风格装饰的、更为先进的地平经纬仪，此仪器重达7吨！到了清乾隆年间，乾隆帝来视察，认为我国古代仪器结构合理，西方计量制度科学，于是大臣们又按他的意思，用了十年时间造出一台"玑衡抚辰仪"安放台上，这件仪器也达5吨重。这些仪器此后一直每日不断地用于观测天象，它们代表了我国古代天文学及机械制造的最高成就。然而，到了1900年时，这些仪器却遭受了一场大劫难。

1900年八国联军入侵北京，德军抢先占领了古观象台。德军司令瓦德西竟无耻地宣称台上这些"有极高艺术价值""造型和各台仪器的龙型装饰

天体仪

北京古观象台

都极为完美"的仪器是德国的"战利品"。同样对这些天文仪器垂涎三尺的法国入侵者，立刻以一些仪器制作中受到法国人帮助为借口，也提出瓜分要求。德军参谋长什瓦慈霍甫与法军代表马香反复讨价还价，德军争到优先挑选权，得到了台上的天体仪、纪限仪、玑衡抚辰仪、地平经仪和我国元代制造的浑天仪，法军分到了"与本国有关"的地平经纬仪、象限仪、赤道经纬仪、黄道经纬仪和元代制造的大型简仪。当时的清政府和谈代表庆亲王奕劻，遣派曾做过德国公使随员的荫昌，以国际公法为依据要求停止这种野蛮行为，却遭到拒绝。两国都野蛮地将仪器搬运到各自的使馆中。法国政府后迫于各方压力，于1902年将一直藏在使馆中的5件仪器归还了中国政府。但德国政府却在侵略军撤离时，直接将仪器运到德国本土。更可悲的是，这些仪器运到德国并非用于科学研究、天文观测，而是按照德皇威廉二世的命令，放在波茨坦离宫皇家花园的草坪上，供人观赏。德皇的这种做法不仅引起全体中国人的愤慨，也遭到本国内进步人士和科学家的强烈反对，但却一直没有任何结果。

事情发生转机还是直到20年后。第一次世界大战结束，中国作为战胜国，在巴黎和会上提出德国应归还其掠走的天文仪器，并最终写入了《凡尔赛和约》第131条："所有1900年及1901年德国军队从中国掠去的天文仪器，在本和约实行后12个月内概行归还中国。所有实行此项归还之举所需费用，包括包装、运送北京建设之费用在内，亦由德国担任支付。"

根据这一条约，德国才被迫于1920年6月10日，将这批仪器拆卸打包，装上日本"南开丸"号货轮，运往中国。当时中国还没有开辟自己的远洋运输航线和本国的货轮。经办的官员们本以为至此可以舒一口气了。可万万没想到，一直对中国包藏祸心的日本政府竟然趁火打劫，在轮船途经日本神户时，违背最基本的商业道德，将仪器扣下，要挟中国政府承认其在山东的特权。消息传到国内，引起国人的愤怒声讨，全国各大报刊都刊登文章进行谴责。其他各国列强为维护各自在中国的利益，也纷纷站出来表态反对。迫于各方压力，1920年9月20日，日本人才又将仪器装上另一艘日轮"樱山丸"号开往天津。直到1921年4月7日，这批仪器才辗转到北京，由荷兰公使欧登克代表德国，将仪器交还给北京观象台。此时距它们离开德国已经280天，一路的辗转颠簸，大部分仪器需要彻底修理才能使用。可是，这些仪器并非就此平安无事了。

　　1931年"九一八"事变后，日本侵略军又大举向华北平原逼进，我国人民为保护珍贵的历史文物，不得不又将最珍贵的明代制造的浑仪、简仪、漏壶、圭表和清代制造的小地平经纬仪等七件仪器，运往南京紫金山天文台暂存。北京天文台上，只留下了体量过重的清代制造的那八件大型铜仪。可此后至今，运往南京的天文仪就再未回到故乡。

大胆破冰,圆明园兽首回归

"老妪筐中宋本书,牧童壁上元人画。莫问从残贝叶经,牙签四库亦飘零。僧廊篆鼎蝌文绿,侩肆紫窑宝气青。""脂奁粉盒余香土,宝册珠衣化劫灰。"

老太太拾野菜的筐中放进了宋版书,放羊牧童家的墙上贴上了元代字画。不要因为看到写着佛经的菩提叶而感到惊讶,平民百姓的小店铺内都有了五代紫窑烧制的"雨过天晴"瓷。清贫的寺院内,走廊上也摆满了青

作者在巴黎枫丹白露宫

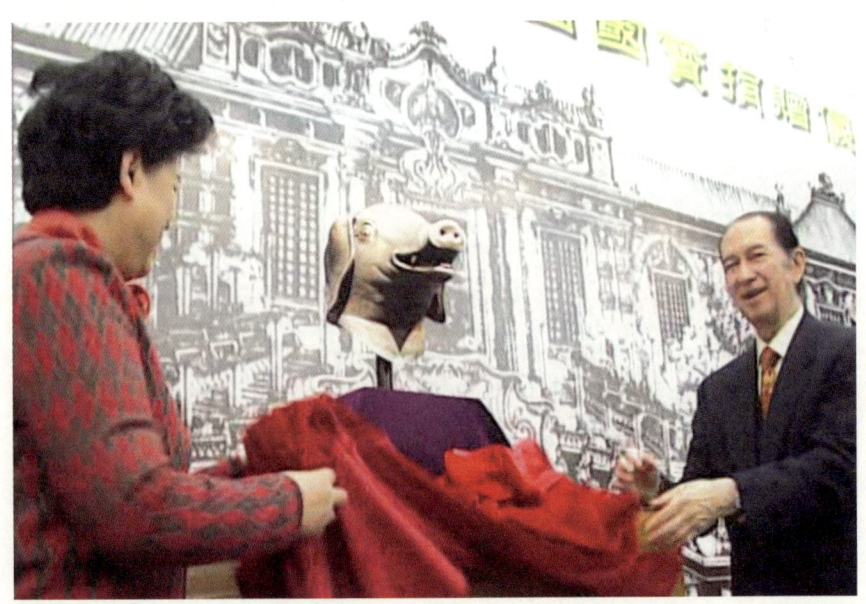

何鸿燊捐赠现场(保利艺术馆提供)

妙峰山古塔,源于圆明园

244　国宝沉浮

圆明园猪首

圆明园牛首

圆明园猴首

圆明园虎首

铜器，装帧精美的《四库全书》随风四处飘散！这是清末爱国诗人毛澄描写的 1860 年英法联军抢劫烧毁圆明园后的情景。

圆明园始建于清康熙四十八年（1709 年），由圆明、长春、绮春三园组成，占地 350 公顷，有建筑群约 150 余组，经历了清代六朝皇帝 150 年的营造，成为中国园林艺术集大成之作。园内楼台亭榭典雅奢华，湖水清澈，百花争艳，绿树成荫。

作为清帝的离宫，这里还是中国珍贵历史文物的宝库。清政府从四处搜刮来的数百万件历代珍宝都存放在这里，包括《四库全书》、历代名人书画。

清朝末年，清政府的闭关锁国政策与欧美列强要打开中国市场倾销商品、掠夺资源的野心存在巨大的矛盾，加之地方官吏的腐败无能、胡作非为，大清帝国如将倾的大厦摇摇欲坠。1857 年，英法两国借口本国公民受到迫害，发动了第二次鸦片战争。其间英军派 39 人来京谈判时又被僧格林沁蛮横扣押，并肢解、杀死了其中的 20 人。英法联军由此更有了逞强的借口，联军几千人凭借着先进的武器，直接从天津海港登陆，一路进攻杀至京城。而无能的咸丰皇帝则带着嫔妃和皇亲国戚、文武大臣们闻风而逃。1860 年 10 月 5 日，英法联军攻入了圆明园。见到了园内到处是耀人眼目、动人心魄的珍宝，英法两军的首领商定：应当选择合意适情的物件，作为两国军队的奖品。当他们选择完毕，其余的物件，可以归掳获者据为私有。

纵情肆意、无所顾忌的抢掠就此开始！"这人也许喜欢景泰蓝的宫瓶，那人或者贪恋一件绣花的长袍。""还有玉器、书籍、毡毯、图画、景泰蓝物品等等。"一个名叫赫利思的参加抢劫的英国军官，为炫耀他的经历，兜售他的"战果"，将他亲自参加抢劫圆明园的情形写成了《中国詹姆》一书。在书中他写到："圆明园内可抢的东西太多了，因为那里的东西根本没有搬走。"抢掠"这类消息不断地传到英国统帅格兰特的耳朵里，于是在某天夜里，他非常仁慈地发出一道命令，让每个军团的一半军官在第二天上午可以去圆明园抢掠。""在那里遇到的第一件事,便是一支荷枪的法国兵正护送着一辆骡车由门内走出,车上装满了我们称为马蹄金的金锭。""我更找到一个奇形镶金丝的花盆,在金丝之间,更用白色珊瑚琢成的文字。盆中充满泥土,在泥土中栽着一株约一寸的黄金树。""我掠得的全部物品装在七个筐子里……命七个中国人(俘虏)抬着我的掠夺品走在前面,我骑马执枪在后面押回北京的军营。""我再一次看见完全一样的天井,不过在这地方有四五个印度塞克人,正在忙着从两个破碎的小塔上凿碎片。我提起两个中较大的一个小塔,装饰的部分离地约一寸,从它的重量上我立刻判断出塔是金子铸成的。""回到集合地点,我立刻看见华尔怀里抱着一个盘膝而坐的大佛像。从佛像的重量上,我直觉出它是金铸的。"

英法联军在经过几天的抢劫,几乎把园子扫荡干净后,为销毁证据和显示不可一世的霸权,竟然又一把火把这建造了一百多年的皇家园林给点燃烧毁!

英法联军到底抢走多少文物,谁也无法统计。仅在圆明园被毁的第二年(1861年),就有上千件圆明园珍宝在法国巴黎大酒店被拍卖,成为欧洲贵族、古董商、收藏家角逐的对象。1863年,拿破仑三世为保存法军上贡给他的上千件圆明园文物,又在他的枫丹白露古堡中建造了中国馆,保存那些"战利品"。

国外流失的圆明园文物虽然此后一百多年间不断在世界各地的拍卖行、古玩店出现,在收藏家们的手中转来转去,可从未有一件通过正常的商业渠道回归到中国大陆。直到2000年,人类已跨入新纪元时,这一僵局,终于被一家央企——保利集团所打破。

2000年,世界上两大著名拍卖公司苏富比、佳士德的春季拍卖会4月份又准备如期在香港举办。春、秋两次拍卖会,是拍卖公司一年中最重要的两次拍卖会,每次都会有难得一见的精品、珍品面世。此次春季拍卖会中的三件古董引起了不小的轰动，它们价值不是很高，却有着非同一般的身世，它们就是昔日圆明园西洋楼十二生肖喷泉的三件青铜兽首：牛首、猴首、虎首。本来，这三件文物在圆明园遗失的成千上万件珍品中算不上最顶级的、最珍贵的，而且也不是第一次被放置在拍卖台上。可是恰逢千禧之年，又是在香港回归之后，在中国的国土上拍卖从中国抢走的文物，还是在社会舆论上引起了不小的震动。可是，商人只知道在商言商，拍卖行只是中介行业，每次拍卖成功，他们都会通过向卖家和买家收取手续费赚取利润。由于圆明园文物被抢已是一百四十年前的事情，现有禁止买卖和索赔、退还的国际法规都不适用于它们，拍卖仍要按卖家的要求照常进行。可这三件特殊的国宝仍牵动着国人的心，还是让它们在国外收藏家手中转来转去，在国际古玩市场上继续流浪吗？

三件国宝将被拍卖的消息，惊动保利集团的高层。保利集团在 1998 年利用企业所创收的利润，通过在海外收购青铜器建立起了保利艺术博物馆，并于 1999 年对社会开放。保利艺术博物馆在创立之初，就把抢救保护流散在海外的中国珍贵文物作为办馆宗旨之一。

此次拍卖的三件兽首，虽然不像博物馆已购藏的青铜器那样拥有悠久的历史，可它们却拥有着特殊的历史价值和意义。保利集团总裁兼保利博物馆馆长贺平先生经过咨询名誉馆长俞伟超等文物专家和法律专家后，最终拍板参与竞拍，把三件国宝请回家！经过现场一次一次的加价和暗中较量，在周围人的疑惑和欢呼声中，最终牛首以 774.5 万港元、猴首以 818.5 万港元、虎首以 1544.475 港元的价格全部被保利集团购得。竞拍成功后，三件文物在香港又免费展出了一段时间。其后，俞伟超先生亲自率领专家团队赴香港验货、交割。兽首接回到国内后，又在位于北京东四十条的保利大厦一层举办专题展览，让市民免费参观。此后又继续在深圳、上海等地巡回展览，国宝每到一处都点燃起观众的爱国热情。

保利艺术博物馆的此次"破冰"行动，也招来一些抢占在道德制高点上的"专家"发表质疑，批评博物馆不该花巨资买回被"抢走"的文物，应该通过舆论谴责那些国外收藏者，让他们主动送回来。可是，这些专家似乎忽略一个事实：这些文物的收藏者早已不是当年的抢掠者，也不是抢掠者的后代，他们有些是真正对中国传统文化十分热爱的收藏家，有些仅仅是为保值升值而收藏的古董商。如果中国自身不够强大，又没有展现出对自身传统文化的尊重和热爱，那些收藏者无论是出于情感还是商业利益，都不可能做出"送回"、捐赠等义举来。其实早在1989年，圆明园十二生肖兽首中的虎头、马头等就曾在苏富比伦敦拍卖行拍卖过，最终被台湾收藏家蔡辰男购藏。蔡辰男先生曾为台湾首富，创办了台北国泰美术馆。

在保利艺术博物馆收购三件圆明园兽首后，国际古董市场又不断地有圆明园兽首出现。2003年澳门爱国富豪何鸿燊先生到保利艺术博物馆参观，为这里精美的展品所震撼，同时也对博物馆规范化运作深表敬佩。不久后他了解到圆明园十二生肖喷泉猪首又出现在了香港古董市场，毅然出资六百余万元购得，并捐赠给保利艺术博物馆，让四件兽首聚首保利。

附记：

1998年笔者曾到法国枫丹白露宫参观，了解那里保存圆明园文物的情况。从巴黎市中心到南郊的枫丹白露需要驾车走约一个小时，近60公里的路程。这里给人印象最深的是林木茂密、河湖交错，枫丹白露古堡如同一位衣装淡雅安静恬淡的少女，驻足绿荫之中。古堡的"中国宫"并不高大，色彩、风格都极为浪漫。在古堡展厅内拥挤地摆满了圆明园文物。从高大的龙椅、屏风、紫檀橱柜，到精巧的碧玉插屏、印章，琳琅满目。青铜器、瓷器都是明清几代皇宫旧藏。连头顶上的天花板，也裱糊了几大张色彩艳丽的水陆画，看着头顶上双手合十的佛祖、跏趺而坐的观音，让人哭笑不得。

法国著名作家雨果1861年11月在他回复给法军巴特勒上尉信中，怒斥英法军队抢掠和焚毁圆明园的罪行：

在世界的一隅，存在着为人类的一大奇迹，这个奇迹就是圆明园。艺术有两种渊源：一为理念——从中产生欧洲艺术；一为幻想——从中产生东方艺术。圆明园属于幻想艺术。一个近乎超人的民族所能幻想到的一切都汇集于圆明园。圆明园是规模巨大的幻想的原型，如果幻想也可能有原型的话。只要想象出一种无法描绘的建筑物，一种如同月宫似的仙境，那就是圆明园。假定有一座集人类想象力之大成的灿烂宝库，以宫殿庙宇的形象出现，那就是圆明园。为了建造圆明园，人们经历了两代人的长期劳动。那么这座像城池一般规模巨大，经过几世纪营造的园林究竟是为谁而建的呢？为人民。因为时光的流逝会使一切都属于全人类所有。艺术大师，诗人，哲学家，他们都知道圆明园。伏尔泰亦曾谈到过它。人们一向把希腊的巴特农神庙、埃及的金字塔、罗马的竞技场、巴黎的圣母院和东方的圆明园相提并论。如果不能亲眼目睹圆明园，人们就在梦中看到它。它仿佛在遥远的苍茫暮色中隐约眺见一件前所未知的惊人杰作，宛如亚洲文明的轮廓崛起在欧洲文明的地平线上一样。

这一奇迹现已荡然无存。有一天，两个强盗闯进了圆明园。一个强盗大肆掠劫，另一个强盗纵火焚烧。从他们的行为看，胜利者也可能是强盗。一场对圆明园的空前洗劫开始了，两个征服者平分赃物。真是丰功伟绩，天赐的横财！两个胜利者一个装满了他的口袋，另一个看见了，就塞满了他的箱子。然后，他们手挽手，哈哈大笑着回到了欧洲。这就是这两个强盗的历史。

在历史面前，这两个强盗一个叫法兰西，另一个叫英格兰。

雨果在信的最后写道："法兰西帝国从这次胜利中获得一半赃物，现在它又天真地仿佛自己就是真正的物主似的,将圆明园辉煌的掠夺物拿出来展览。我渴望有朝一日法国能摆脱负重,洗心革面,把这些财富归还被劫掠的中国。"

圆明园在被英法联军抢掠烧毁后,其悲惨的命运并未结束。园内残存的建筑构件仍不断的被偷、被拆。今天,人们在天安门东侧的中山公园内,可看见一座八角重檐、琉璃白石亭,在亭子的门额上有乾隆题写的"坐石临流"四字。这座古亭不仅造型新巧别致,更重要的是在支撑亭子的八根石柱上,分别刻写了古代书法家临摹的八册《兰亭帖》。(《兰亭帖》是我国晋代书法家王羲之的作品,其内容是叙述了一次他与几位朋友在山林水边举行"修禊"仪式,以希望远离疾病、灾难的过程。文章不仅是一篇精美的散文,更主要的是王羲之是我国古代最伟大的书法家,《兰亭帖》是他的代表作,此帖的原件被酷爱王羲之书法的唐太宗李世民殉葬了,埋入他的乾陵中,世上只流传了当时唐代几位书法家的临摹之作。古亭第一根柱子上刻的是唐初书法家虞世南的临摹本,第二根柱子上刻的是唐代书法家褚遂良的临摹本,第三根柱子上刻的是唐代冯承素的临摹本,第四根柱子上是唐代文学家柳宗元的《兰亭诗》真迹,第五根柱子上刻的是唐代书法家柳公权写出的《兰亭诗》原本,第六根柱子上是乾隆朝进士于敏中补刻柳公权所写的兰亭阙笔,第七根柱子上是明朝书画家董其昌仿柳公权所写的《兰亭诗》,第八根柱子上,刻的是乾隆皇帝临摹董其昌的仿柳公权的《兰亭文坛》。不仅如此,在古亭内还有一块巨大的卧碑,碑正面刻的是王羲之和几位朋友进行"修禊"的曲水流觞图,碑背面还刻写了清乾隆帝御制诗文。这座古亭因这些石柱被称为"兰亭八柱碑亭"而成为稀世之宝。而这座古亭原本是建在圆明园中。1910年,兰亭八柱被人们移置到颐和园内耶律楚材祠里面保管。1913年,兰亭碑又被拉运到中山公园,新建起重檐八角亭。

在北海西边的国家图书馆原馆址，大门口有一对高约3米的大石狮子，园内草坪中又有一对通高8米的石雕华表。石狮和华表由于体量硕大，雕刻精美，使国家图书馆更显肃穆、气派、古老。可这石狮和华表原本全是圆明园的陈设。

1925年，西方教会在圆明园南侧兴建燕京大学。正所谓"近水楼台先得月"，负责建设的传教士们，又组织人手从圆明园运出大量文物，圆明园安佑宫的石华表被美籍牧师翟伯道运到燕京大学，圆明园"山高水长处"的"土墙"石碑被运来，此碑上有乾隆御笔"土墙""种松"诗二首；西洋楼方外观门前之西式平石桥，也被运来安放在未名湖区。

1919年，军阀王怀庆在圆明园西湖东北岸修建一座私人花园达园，且不说它修建时使用了多少圆明园的石料、青砖，就连花园的古桥"金鳌""玉鵊"两桥，都是从圆明园拆运出来的。达园内的14根石笋，也为圆明园遗物。

京西门头沟妙峰山峰顶碧霞元君庙（娘娘庙）山门前广场上所立古塔，也是从圆明园中运来重建的。

1980年10月18日，以宋庆龄为首的1583名社会各界知名人士联名发出了《保护、整修及利用圆明园遗址倡议书》，得到了海内外的热烈响应，圆明园真正的规范化、长期化保护工作正式开始。以后的几十年中，不仅遗址得到保护、文物建筑得到修缮，山型水系不断恢复，还开展了多年的考古发掘和清理工作，清理出历史原状。

2007年，何鸿燊先生又出巨资从香港苏富比公司买下马首，2019年11月13日，在国家博物馆举行了圆明园马首捐赠仪式。何先生将马首捐给国家，并送回北京市圆明园管理处收藏展出。马首算是第一个真正"回家"的圆明园兽首！

2009年2月，在法国巴黎大皇宫举办了已故服装设计大师伊夫·圣罗兰与其伴侣皮埃尔·贝杰的珍藏专场拍卖，圆明园十二生肖喷泉鼠首、兔首出现在展台上，最后被匿名买家购买。四年后，2013年4月26日，法国著名的奢侈品集团PPR集团董事长兼首席执行官弗朗索瓦－亨利·皮诺先生来到中国并会见国家文物局领导，宣布皮诺家族将本家族收藏的这两件圆明园珍宝无偿捐赠给中国，两件文物最终入藏国家博物馆。此前，国家博物馆还收藏了原陈列在圆明园海宴堂的一件大型清代瓷尊，圆明园多稼轩的23块乾隆《耕织图》刻石、圆明园玲珑仙馆大门的铜铺首等。

正所谓，你若盛开，清风自来！只有我们中华民族自身强大了，自己重视、尊重我们民族的优秀文化遗产，才可能在国际舞台上赢得尊重。圆明园兽首的回归，不过是众多中国历史文物回归的一个缩影！

徐悲鸿亲手修补的
郑板桥《衙斋听竹图轴》

  在位于北京市西城区新街口的徐悲鸿纪念馆中，保存着一幅清代"扬州八怪"之一郑板桥的《衙斋听竹图轴》。此画为纸本水墨，高142厘米，横62厘米。画面中几枝娟秀的毛竹竹干细嫩、挺拔、高耸，而竹叶青翠、茂盛、婆娑，一派盎然生机。若细心品鉴，竹篁所象征的谦虚秉直、乐观向上的精神和永不屈服的气节，也无言自现画中。板桥以画竹为世人称道，此幅墨竹则堪称其竹画之上品。

 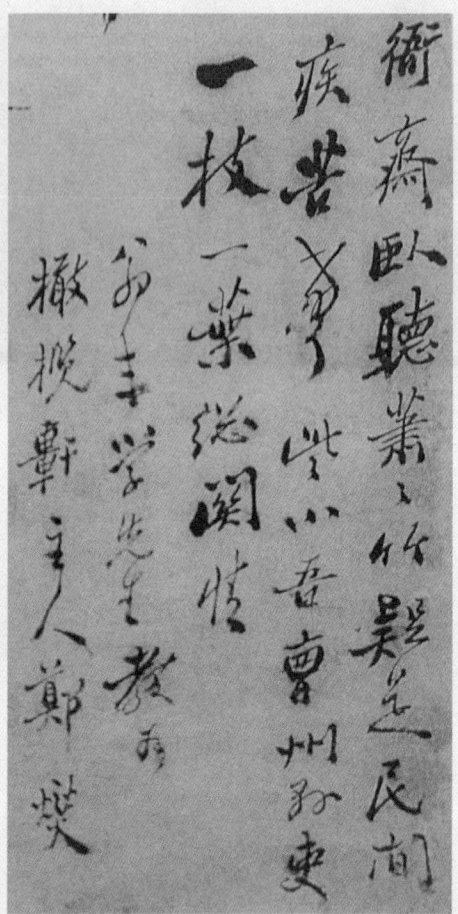

郑板桥墨竹图　　　　　　郑板桥画中诗

此画是徐悲鸿早年花重金购买的，当时画的局部已有些破损、霉烂，可他仍如获至宝并亲手补缀，把它当成自己最重要的藏品，一直保存在身边，直到生命的尽头。为何徐悲鸿如此偏爱此画？

徐悲鸿喜爱这幅画绝不仅仅是折服于此画所展现的艺术魅力和画中之竹所展现的风骨和气节，更因为此画中的诗句，展现出了郑板桥爱民如子的高贵品格，以及郑板桥独特的人生经历。

"衙斋卧听萧萧竹，疑是民间疾苦声。些小吾曹州县吏，一枝一叶总关情。"风吹竹叶的萧萧声，让身为"芝麻官"小县吏郑板桥想到的不是品茶饮酒花前月下，而是这飒飒秋风是否给百姓带来疾苦，即使那疾苦很小很小如同一片竹叶，自己身为百姓的父母官也要仔细体察民情，有所作为。这首诗展现出郑板桥同情贫苦大众、当官一心为民的高风亮节。而这也正是徐悲鸿最崇敬的品格。同为画家和爱国者的徐悲鸿可以说是郑板桥逝世一百余年后的一个知己。对中国古代绘画和画家都有深入研究的徐悲鸿知道，郑板桥不仅诗中是那样写的，在从官时也是那样做的。

郑板桥故居

郑板桥原名郑燮，字克柔，号板桥，江苏兴化人。他的父亲是一位收入不多的教书先生，其父为其取名"燮"是取其"言行一致"之意，其字"克柔"是取其"克勤克俭"之意。郑燮三岁时母亲去世，由父亲和继母抚养。他自幼刻苦读书，十分喜爱学习书法和绘画，并苦心钻研。但是，在清代早期，读书人只有熟背"四书五经"精于八股中举当

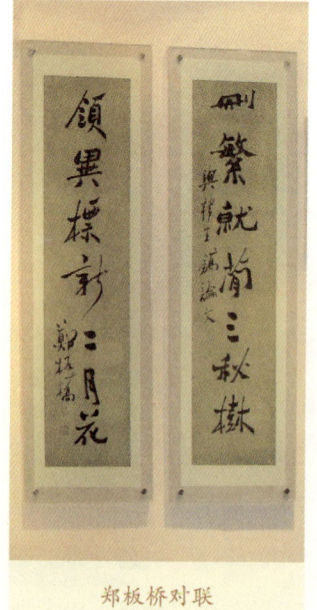

郑板桥对联

官才是最佳出路,郑燮的特长显然是不合时宜的。他年轻时在不断参加科考的同时,继承父业以教书谋生,家境一直较为贫寒。在他的《哭犉儿五首选一》中写道:"天荒食粥竟为常,惭对吾儿泪数行。今日一匙烧汝饭,可能呼起更重尝。"后来,为了改善家境,郑燮举家搬到当时经济较发达的扬州以卖画为主。乾隆元年(1736年),已44岁的郑燮终于参加殿试高中进士,六年后他入山东任范县县令。1746年,他又自范县调任莱州府潍县(现山东潍坊市)。在任县官期间,郑板桥始终保持清正、廉洁、勤谨,以民为本。灾荒年时,他开仓赈民;同时兴办水利、修建城池,使流民、饥民得以就业。风调雨顺之年,他又大兴农桑、减免苛捐促进经济复苏。为官一任他常常诫勉自己,保持公正廉洁,不为风行一时的贪腐之风所动。他在其所绘《竹石图》中题诗写道:"咬定青山不放松,立根原在破岩中。千磨万击还坚劲,任尔东西南北风。"郑燮喜爱画竹绘兰是因为他喜爱竹子兰草的风骨和节气,外柔内刚不屈不挠的精神:"有兰有竹有石,有节有香有骨。任他逆风严寒,自有春风消息。"

传说有一年秋天,他有一天在潍县街头

散步时看到一位摆摊的老奶奶，守着身旁一堆无人问津的折扇愁眉不展。郑板桥略加思索，向旁边店铺借来笔墨，一朵朵莲花一枝枝秀竹跃然纸上。很快，老奶奶的折扇被抢购一空。

1750年，他在潍县任官时曾整理自费刊印了自己部分诗稿书信，他在序言中这样写道："板桥诗文最不喜求人作序，求之王公大人，既以借光为可耻；求之湖海名流，必至含讥带讪，遭其荼毒而无可如何，总不如不叙为得也。几篇家信原算不得文章，有些好处大家看看。如无好处糊窗糊壁，覆瓿盖盎而已，何以叙为！乾隆己巳郑燮自题。"

他不仅严于律己，对待自己的家人也是严格要求毫无懈怠放松。任县令时他曾给帮助自己照看孩子的弟弟写信言道："余五十二岁始得一子，岂有不爱之理！然爱之必以其道，虽嬉戏顽耍，务令忠厚悱恻，毋为刻急也。""我不在家，儿子便是你管束。要须长其忠厚之情，驱其残忍之性，不得以为犹子而姑纵惜也。""夫读书中举中进士做官，此是小事，第一要明理作个好人。"

郑板桥这种做人为官风范，自然不容于当时阿谀溜须盛行的官场。1753年，61岁的郑燮终于因赈济灾民得罪了上层官吏，被迫弃官回归故里。

清代乾隆时期，许多官吏是"三年清知府，十万雪花银"，可郑燮离任时是"乌纱掷去不为官，囊橐萧萧两袖寒；写取一枝清瘦竹，秋风江上竹渔竿"。他离开潍县时，百姓夹道挽留，家家画像奉祀。他弃官回扬州后，既不攀附权贵为自己谋利，也未有离职之愁苦。他无怨无悔，自食其力卖画为生："宦海归来两鬓星，故人怜我未凋零。春风写与平安竹，依旧江南一片青。"晚年的郑燮更是乐观豁达率真，在他扬州的寓所门上，曾贴有这样的书画"广告"："大幅六两，中幅四两，书条对联一两，扇子斗方五钱。凡送礼物食物，总不如白银为妙。盖公之所赠，未必弟之所好也。若送现银，则心中喜悦，书画皆佳。礼物既属纠缠，赊欠尤恐赖账。年老神

郑板桥纪念馆中郑板桥赈灾场景

疲,不能陪诸君子作无益语言也。"对待人生,晚年的他认为自己"睡得迟,起得早,一日清闲似两日,算来百岁已多"。1762年,70岁的郑燮再次题诗明其心志:"老老苍苍竹一竿,长年风雨不知寒。好教真节青云去,任尔时人仰面看。"

郑板桥位列"扬州八怪","怪"的不仅仅是"删繁就简三秋树,领异标新二月花"文风画风,更是其特立独行光照千古的人生追求,冰心玉洁

郑板桥纪念馆一角

高山仰止的风骨。

附记：

2012年，笔者曾参观了位于江苏省泰州市兴化县昭阳镇的郑板桥故居和新建的郑板桥纪念馆。故居面积狭小，为一进院落，室内按历史原状陈列，墙上悬挂着那最为著名的"难得糊涂"匾额。纪念馆为三层仿古式建筑，收藏了郑板桥真迹数十幅和金农、刘熙载等清代名人书画三百余幅。展览通过书画和场景、图片等，展现了郑板桥的生平和艺术成就。

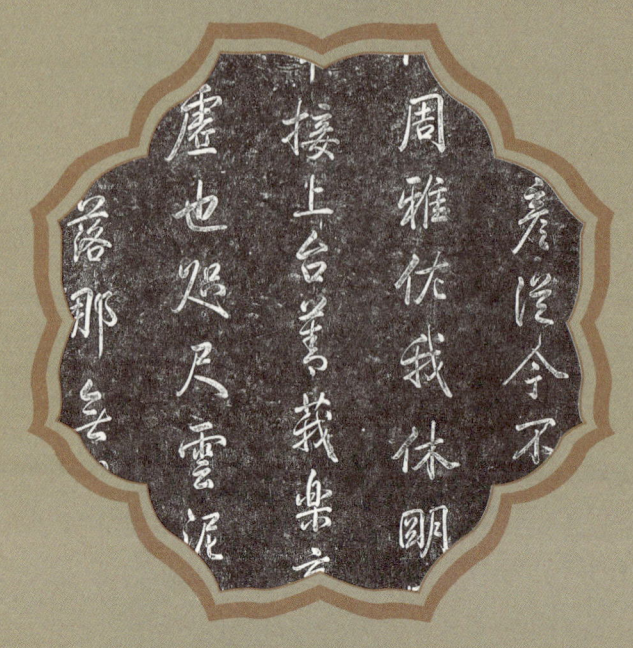

莫教冰鉴负初心
——乾隆御制诗碑

2016年,中共中央总书记习近平在纪念中国共产党成立95周年大会上向全党郑重发出"不忘初心、继续前进"的号召。2017年,在党的十九大上"不忘初心、牢记使命"上升为大会的主题。近年来,"初心"二字成为人们口中备受青睐的"热词"。其实,不负"初心"在清代时就曾被皇帝用来提醒警示为官之人。

在北京海淀区五塔寺(现开辟为北京石刻艺术博物馆)寺内金刚宝座

塔东侧，有一座长方形碑亭。碑亭内矗立着由四块石碑组成的一套乾隆幸贡院御笔碑，它是寺内最大的一套石碑，也是国宝级文物。这组石碑上面刻写了清乾隆九年十月庚午日（1744年11月30日），乾隆帝在参加翰林院重修完工大典时题写的四首诗。诗词原名为《幸翰林院赐大学士及翰林等宴因便阅贡院乃知云路鹏程诚不易也得诗四首》。

据《大清高宗纯（乾隆）皇帝实录》记载，翰林院修复后，乾隆特御书匾额庆贺，并书"稽古论思"和"集贤清秘"分别赐予大学士鄂尔泰、老臣张廷玉。他亲临翰林院视察，宴请大学士及陪同的大臣共一百余人。其中既有大学士，也有各部、太仆寺、光禄寺、四译馆等部门和顺天府的官员。推杯换盏酒酣耳热间，他还赏赐大臣诗文，并叮嘱道："翰林之职，虽在文章，要贵因文见道。"乾隆原本为性情中人，酒后一时兴起，又赴贡院视察，书写匾额"旁求俊乂"（广求天下贤才之意），以及《幸翰林院赐大学士及翰林等宴因便阅贡院乃知云路鹏程诚不易也得诗四首》。

乾隆御制诗原文如下：

一

翰苑琼筵莅令辰，棘闱来阅凤城闉。百年士气经培养，寸晷檐风实苦辛。自古曾闻观国彦，从今不薄读书人。白驹翙羽传周雅，佐我休明四海春。

（注释：棘闱：指科举考试及考试院。凤城：指皇家禁地。闉：城墙旁边。）

二

尽道文章接上台，菁莪乐育济时才。千秋得失非虚也，咫尺云泥亦幻哉。若有泪眶啼桂落，那无笑口对花开。凤池多少簪豪者，都向龙门烧尾来。

（注释：菁莪：培育人才。云泥：地位差别大。桂落：未中榜。凤池：

池多少簪豪者都向龍門燒尾來
萬里扶搖正翩搏兒孫利見豈為干
去賢聖志症淫兰言孔聖言大是龍見
說經綸推國士逆來桃李屬春官但
令姓字朱衣點郎惜三條淚燭殘

周遭圍棘院沉沉景物當前總入吟杯
擬注璋方特達文歸雅正薄鞦塗焉
門負笈辭凡水為木豐遷出故林尋
語盍公堂裏客莫教冰蘗負初心

乾隆九年十月二十七日御筆

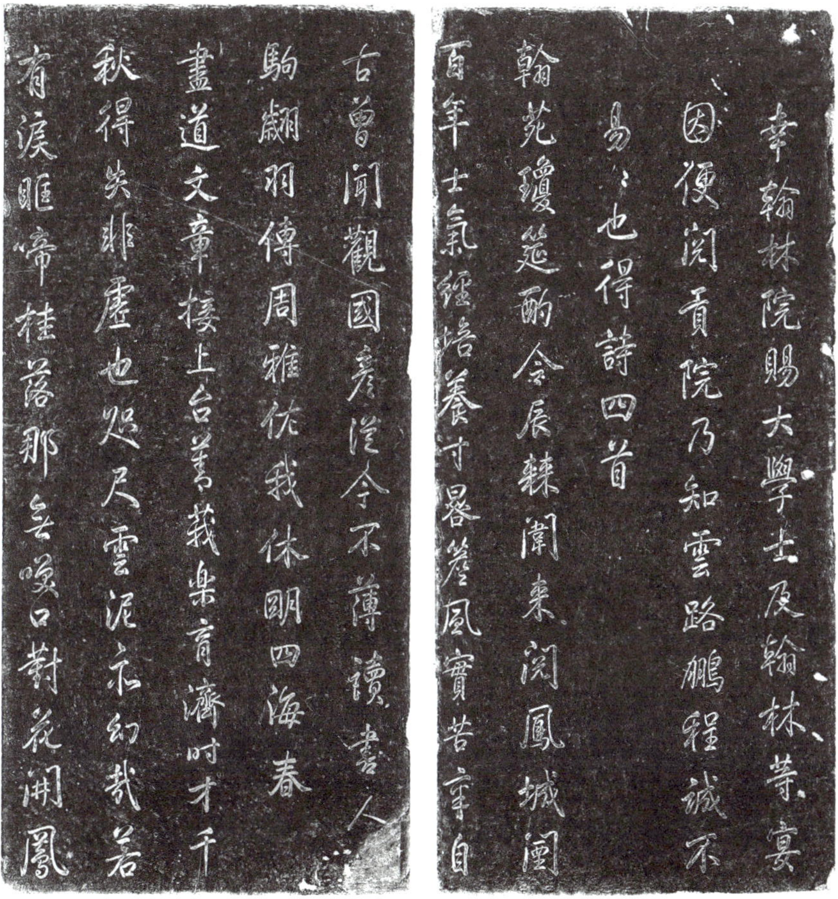

幸翰林院賜大學士及翰林等宴
因便閱貢院乃知雲路鵬程誠不
易也得詩四首

翰苑瓊筵酌会辰棘闈東閱鳳城闉
百年士氣經培養寸晷營風實苦辛

古曾聞觀國羨澄今不薄讀書人
駒齝羽傅周雅佐我休明四海春
盡道文章接上台蕓載菜育濟时才千
秋得笑非虛也叱尺雲泥亦幻我若
有淚匪帝桂落那号嘆口對花開鳳

乾隆御制碑拓片

乾隆御制诗石碑

皇家禁地。簪豪者：官吏。龙门：科举考试。）

三

万里扶摇正翩抟，飞龙利见岂为干。志贤圣志应须立，言孔孟言大是难。见说经纶推国士，从来桃李属春官。但今姓字朱衣点，那惜三条泪烛残。

（注释：飞龙利见：《易经》中的吉卦。春官：礼部官员。朱衣：皇帝御笔。）

四

周遭围棘院沉沉，景物当前总入吟。材拟圭璋方特达，文归雅正薄艰深。禹门鱼变辞凡水，乔木莺迁出故林。寄语至公堂里客，莫教冰鉴负初心。

（注释：圭璋特达：德材兼备。至公堂：贡院大殿。冰鉴：用冰磨成的镜子，可照出人的思想和操守。）

细细赏析此四首诗，其诗词寓意耐人寻味：

一

我趁此良辰吉日来到了翰林院这一皇家衙署重地，看望你们这些国家重臣，欣赏这里的美景、美文。经过立国以来百年的培养，国家的文化氛围已初步形成。你们这些博学鸿士都经过寸暑檐风的十年苦读和严酷科举考试，实在是太辛苦了。自古贤明君主都重视人才，我从今以后也要厚待天下读书人！时光荏苒如白驹过隙，望你们如振翅高飞的鸿鹄向天下传播"经学"等中华传统文化，辅佐我治理国家，以使天下开明太平。

二

学子只有刻苦读书有了学问才能为朝廷效力，所以国家应重视培养济世英才。同时，也望天下学子谨记：历史的教训是实实在在的，微小的错误、懈怠可能导致天地云泥般的地位差异。世上多少学子因未能努力读书科举落榜而痛哭悔恨，也有多少举子金榜题名心花怒放啊！朝廷中那些数不尽的高官显贵，都是考中科举才实现远大抱负。

三

如今天下太平正是有志之士鹏程万里的大好时机。国家需要的不是只想当官发财的人，真正的贤良志士还应树立高尚的品德，要遵守和弘扬儒家学说。满腹经纶的国士是治理国家的依靠，能有这些优秀人才也要感谢各地学府。人们大多只看举子们金榜题名皇帝钦点时的荣耀，哪里知道他们每日秉烛夜读的艰辛啊。

四

各位大学士们，遥想一下当年科举时考场是多么森严肃杀啊，而如今你们已为高官，眼前的景色如诗如画。但是作为国家的栋梁之材，一定要德才兼备圭璋特达；所做文章要不求高深难懂，但求成为高雅、正统的典范。你们如今都已如鲤鱼跃过龙门成为官员，像此地的鸟儿一样栖息于皇家禁地的巨树上，前途远大。最后借此机会嘱托天下的官吏一句，千万不要辜

谨敬亲王府大门

西城区教育街
1号清代学部旧址

北京石刻博物馆
乾隆御制碑及碑亭

负当年求学和考试时远大的志向和冰清玉洁的操守——莫教冰鉴负初心！

  清乾隆时期，翰林院位于现在的国家博物馆东北角，为清代最高级别的学术机构、人才储备机构和参谋机构，编史、起草诏书、记录皇帝起居、侍读、赴各省主持监督科举考试，都是其主要职能。这里聚集着通过科举选拔出来的成为官员的精英人才。清末重臣曾国藩、李鸿章、林则徐都曾在翰林院任职。贡院则是清政府考录全国"优秀"人才的场所。乾隆的这四首诗，可谓情真意切、语重心长。既有对读书人"泪烛残"的理解，也有莫"负初心"的叮嘱；有对"四海"清明的期望，也有对"国士"满腹经纶的赞赏，还有从此不薄"读书人"的保证承诺。此四首诗前后连贯、寓意深刻、文法严谨、用典精准。诗文虽是酒后一时兴起有感而写，却是满篇字斟句酌感人至深的肺腑之言。诗文的书法也是现存乾隆行书作品中的上乘之作。

  此诗写作之时是"康乾盛世"顶峰时间，经济发展到中国古代封建社会的最高峰，社会较为安定，文化"繁荣"兴盛。当时在座的大臣张廷玉、汪由敦、刘统勋、梁诗正、史贻直、陈邦彦、邹一桂、董邦达等数十人都有著作、书画名垂青史。

  历史有历史的局限性，乾隆皇帝作为一个封建帝王，在行为上和思想上都能如此重视人才，已是难能可贵。而此诗作对天下诗书人的鼓舞作用，更可大书特书。此四首诗一经书就，礼部立刻下令"各省试院皆恭摹上石"（广西桂林原清代贡院原址仍保留着一套当时摹刻的石碑）。

  五塔寺内的这组碑刻，最初也是竖立于诗文的原产地——清代最高科举考场——贡院内（现建国门立交桥西北角，被烧毁已无遗迹），以宣传乾隆皇帝的仁德，鼓励天下学子。此后一百多年里它如圣坛上的神位，一直享受着各地进京赶考举子们的顶礼膜拜。

五塔寺金刚宝座塔

然而，历史车轮最终无情地碾碎了无数读书人十年寒窗一朝成名的美梦。1905年，禁锢思想进步的科举制度被废除，清政府成立学部统一管理全国教育。学部办公地点设于原谨敬亲王府旧址内，即今天的北京西城区教育部街1号院、3号院。清代时王府为公产，隶属内务府官房租库管理，可以调配使用。科考贡院废弃后，院中的这组珍贵御题石碑及碑座也移到了学部所在地。

清代学部旧址内乾隆御笔诗碑碑座

北洋时期这里仍为教育部所在地，街名改为教育部街。一些留学归国的教育家、学者如许寿棠、鲁迅、钱家治等入教育部任职，都在此办公。新中国成立后，教育部大院的主人不断变化，院内碑刻逐渐疏于保护。1982年，北京市文物工作队将此组珍贵石刻迁移保护起来，最终移至北京石刻艺术博物馆，并为它们特意盖了一座亭子。2014年，该博物馆还为这组石碑出版印有拓片的图书，设计了"初心"系列文创产品，促进"初心"情怀与寓意广泛传播，使这组几经辗转的石碑，不断发挥出它们的文化价值。

抄写七部仍四散飘零，一半尽毁的《四库全书》

清代乾隆中期，大清王朝进入了所谓的"盛世"阶段，在清朝"文字狱"的打压下，文人们开始热衷收集研究古书，并上奏乾隆皇帝，建议将天下书籍收集一起整理成一套"全书"，成就一项伟大的文化工程。好大喜功的乾隆帝欣然同意，并下令组成以刘统勋、纪昀等为首的前后有360余人参与的大型编辑整理班子，3800多人的抄写班子，并让全国各地官府和民间献书选用。我国唐代就开始实行书籍分类方法，此次选择书目依照传

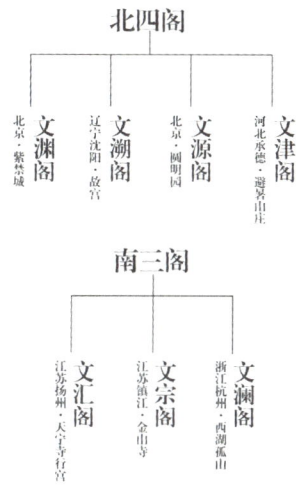

四库全书七阁图

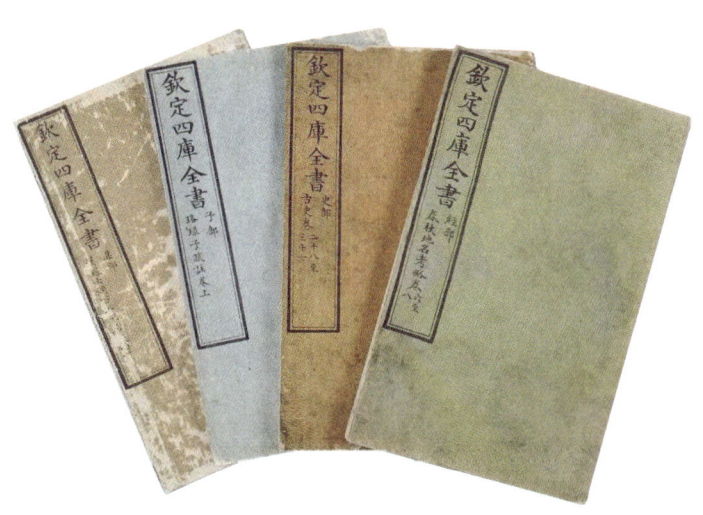

四库全书

统的经、史、子、集四大类编排收录。经书类为历代儒家经典；史书类为历史书籍和典章制度、地方志等；子书类为诸子百家的论著和医学、天文学等科学著作，以及书画、音乐等艺术著作，佛教、道教等宗教典籍；集书类主要是诗词歌赋。乾隆亲赐名为《钦定四库全书》，共制成7918卷、装成36300册，历时15年。它的规模，是明代《永乐大典》的三倍半，号称把天下的益书全收罗尽了。而事实是，由于政治原因，加之编选人员的好恶，有许多书籍也在这一文化工程开展过程中被禁毁。

《四库全书》一共抄了七部，它们分别存放在北京紫禁城的文渊阁、奉天（沈阳）旧皇宫内的文溯阁、夏宫圆明园内的文源阁、承德热河避暑山庄内的文津阁，它们合称为北四阁书。其余三部存于扬州乾隆南巡所住行宫大观堂内的义汇阁、镇江金山寺的文宗阁、杭州西湖孤山南麓的文澜阁，它们称为南三阁书。七份复本全部采用上等纸张手工誊写，包背装帧，彩色绢面，颜色各不相同，以示区别。北四阁经部是绿色，史部是红色，子部蓝色，集部灰色。南三阁则又增加了藕荷色、玉色等。每册书的首页和末页都钤盖有乾隆皇帝的御印。每阁中数千册书存放在一只楸木匣中，名为一函。并用香楠木片将书上下夹住放在函内，系上绸带，使《四库全书》更为美观整齐，且防潮、防蛀。

在《四库全书》编辑完成时，乾隆帝在紫禁城文渊阁院内大宴群臣，并即兴赋写一首："每岁讲筵举，研精引席珍。文渊宜后峙，主敬恰中陈。四库庋藏待，层楼结构新。肇功始昨夏，断手逮今春。经史子集富，图书礼乐彬。宁惟资汲古，端以励修身。巍焕观诚美，经营愧亦频。纶扉相对处，颇觉叶名循。"

但是，令人痛心疾首的是，《四库全书》编成后不到一百年，便多次遭到灭顶之灾。第一次鸦片战争时，英国侵略军侵入镇江，镇江金山寺文宗阁所藏一部毁于战火。第二次鸦片战争时，英法联军火烧圆明园。文源阁

文澜阁

国家图书馆

的一部又被抢掠、烧毁。而太平军攻入江南及其后与清军作战时，南方三阁的三部，丢失佚散，几乎尽毁。所幸的是，杭州文澜阁的一部命运较佳，在一对兄弟的努力下，散而复聚，失而复得。

故事发生在1862年。那时江南仍处于战乱，一对名叫丁丙、丁申的兄弟，为逃避战火来到了依然较平静的杭州西郊留下镇。兄弟二人的祖父就是江南著名的藏书家、杭州藏书楼"八千卷楼"主人，兄弟二人也继承了先辈的传统，对古代书籍达到痴迷状态。一天，二人在镇子中闲逛，丁丙偶然发现店铺用的包装纸上有字，出于习惯他无意中拿起一张看了看，当时一下子目瞪口呆大惊失色！丁申见此景也赶忙凑过来探个究竟，二人凭满腹学识认出，此包装纸竟是原存于杭州文澜阁的《四库全书》。丁氏兄弟立即找到店铺中用来包货物的其他书页，紧接着又把镇上的所有店铺逛个遍，一下子收集了几十册。原来，太平军攻占杭州时，位于战场附近又被太平军当作兵营的文澜阁被毁，手抄的《四库全书》已被人当作废纸卖给各家店铺了！丁氏兄弟在为这一文化劫难悲痛之余，冒险返回战火未熄的杭州，带着高价雇来壮士，潜入建在杭州西湖孤山岛南麓的文澜阁，收集四散在院中、屋内的《四库全书》。战乱过后，二人又凭自己的声望在江淮地区广而告之，重金收购散失于城乡的《四库全书》，共得书371册。这样，连同二人原收集共得书9060册。但是，与当初的洋洋巨著相比，仍相距甚远。

1881年文澜阁重建，残书被移置其中存放。丁氏兄弟发宏愿要将《四库全书》补抄完整齐全，恢复昔日宏观。丁氏先将自家的珍本、善本书籍拿出辑抄，后又向其他著名藏书家按目录求借，酬以缣帛；并且租屋雇人抄书，历时7年，共辑抄34769册，可谓历尽艰辛，功德圆满。此项抄书工程和文澜阁的重建，都得到杭州知府谭钟麟从税银中划拨经费的支持。

30年后，1912年，钱恂（字念劬）任浙江图书馆馆长，将文澜阁《四库全书》入藏到保管条件较好的图书馆中,向政府申请经费并向公众募捐,再次对丁氏未及补抄的部分进行补抄,还在清理点校的基础上编写书目。1922年,曾任京师图书馆主任的张宗祥先生来到杭州任省教育厅厅长,又组织人力借助文津阁本补抄《四库全书》,部分书籍他亲自校勘、题写书签。

抗战时期,为防止毁于战火,刚刚补抄好的文澜阁《四库全书》又被迫南迁到贵阳,藏在了山洞中。贵阳"天无三日晴",每年保管人员都要将整套图书晾晒一遍,后期改为春秋各一遍。"所有开箱、检理、翻晒、换纸、加除虫粉、及归箧、钉封各事,凡经十余次手续,罔不务求其周详。"抗战胜利后,国民党政府曾想把这套图书运到南京。而张宗祥先生以此书为浙江藏家和民众赠书、捐献而凑成,义正词严,以理力争,最终保住整套书回到了浙江杭州。浙江图书馆现存的这部《四库全书》,已成为江南地区保存的孤本,弥足珍贵。

附记:

原藏于故宫紫禁城文渊阁《四库全书》,被国民党政府于新中国成立前从南京运抵台湾。原藏于承德避暑山庄文津阁《四库全书》,1914年为筹建京师图书馆调入北京,现存于国家图书馆。原藏于辽宁沈阳故宫文溯阁《四库全书》,1966年出于备战原因,转移到了兰州市,现存于兰州市黄河岸边北山九州台藏书馆中(2005年建成)。

不断冒出食盐的千米古井

　　燊海井，一座只有180余年历史的古井，却被列为全国重点文物保护单位。高高的井架，热气蒸腾的盐锅，每天吸引着海内外的游人，被赞誉为"天下第一井"。它有何神奇之处，如此被世人宠爱、如此声名显赫?!

　　燊海井位于四川省自贡市老城区最繁华的地段，旁边不远处还有盐业会馆、张飞庙、王爷庙等雕梁画栋、气势非凡的文物古迹。燊海井井架高耸，盘绕井绳的绞盘大如磨盘，井绳粗似钢缆、竹竿。古井每天打出来的不是普通的清水，而是浓稠的盐水。古井开凿于清代道光十五年（1835年），深达千米，是世界上第一座超过千米的深井。自从第一次打到盐水后，人们180多年来就每日从不间断地从井中往外提水，古井成为当地一个大的"聚宝盆"。

在我们人类的饮食当中，盐的重要性仅次于水。人类神经和肌肉的活动、胃液消化都离不开盐。盐也是人们抵抗疾病、消炎、治疗疾病的主要药品。近代工业发展起来以后，盐更成为最基本的化工原料，被誉为"化学工业之母"。古代时，世界各地的人们取得食用盐的主要途径，是在海边建造盐池，通过晾晒海水制盐。也正是由于这种原因，许多居住在内陆深处的人们，都要跋山涉水、长途贩运，才能得到几乎贵似金银的食盐。

我们充满智慧的祖先们，一直探寻多种渠道取得食盐的途径。早在两千年前，四川自贡地区的先人们就开始往地下挖井打盐，并将这种工艺延续两千余年。人们最初是怎样在这里发现地底下有盐的，已无从可考。有

盐井旁的张飞庙

燊海井大门

制井盐石刻

燊海井内古代制盐图石刻

传说是古代时猎人发现许多动物总到一处泉眼中饮水,猎人品尝后发现是盐水,从此人们开始先是用水盆水桶接盐水晒干制成盐巴,渐渐地出现了水少人多的现象,聪明的人就在附近挖井取盐。

古人们凿井最初都是使用锹、锄、铁钎等工具,人们大多都要先支起高高的木制或竹制的井架,再下到井底去挖土、凿石,用吊筐将土石吊上来,与打水井几乎无异。到了宋代,我们祖先经过探索和实践,发明极为科学先进的冲击法钻井:人们确定好井位后,支起高高的井架,先用极重的铁钻头,一次次用绳索提起放下,冲击破碎地下的泥土和岩石,然后再用空心的"钻筒"将碎石和泥土提上来。如果有幸参观自贡盐业博物馆,则可以看到那里陈列的各种应用于各道工序的打井工具和打井方法。

一般深井挖成后,人们要制作石制或木制、竹制的井圈放入井内,组成牢固的井壁以防止盐井被地下水、软土冲塌、挤塌。由于地下盐

自贡盐业会馆戏楼

燊海井井架

燊海井全景

层一般都是处于液态，加之地下压力大，盐水大多都能自涌出来（当然，也有需要人们抽取的）。涌出的盐水需要人们用火不断地熬制，淘洗盐水中的杂质。自贡井盐业之所以自古以来不断的发展扩大，还得益于地球母亲给予这片土地的另一项巨大的恩惠——天然气。自贡地区盛产天然气，许多盐井在产盐的同时也生产天然气。祖先们就是用井中喷出的天然气来生火熬盐，而不用砍伐树木烧火。这也使自贡地区千百年来生产难以统计的食盐，却依然山林茂盛、郁郁葱葱。

　　燊海井的开凿方法是采用自我国宋代就已有的冲击式（顿钻）凿井法，耗时13年才凿成。这让人不能不佩服先人们干事的决心和毅力。自贡人确实有一种如同当地所产毛竹一般的承重深弯而不折、低头抗压而不弃的韧劲！如果打井工程中途一旦气馁放弃，这一人间奇迹就不可能出现在世上了！据史料记载，古井凿成后，每天喷出万余担的黑盐卤，日产天然气8500多立方米，盐井旁支搭烧煮盐锅80多口。到一百多年后的1940年，燊海井每天仍自喷黑盐卤10000多担，天然气4800—8000立方米。抗战期间，它保障着川陕多地民众的生活和工业生产。燊海井景区内，目前仍有历史遗存下来的碓房、大车房、灶房、柜房等建筑。这里工作人员仍在按照传统的方法生产井盐。

经科学家研究，燊海井的盐层大约形成于三叠纪，即2.5亿年前至2.2亿年前，共约五千万年。当时恐龙已出现在陆地，湖水中也有了双壳类动物。银杏、松柏在大地上开始生长。那时四川自贡地区最初还是巨大

自贡灯会

的湖泊，但是随着欧亚大陆板块不断被从南向北移动的印度大陆挤压，自贡地区不断地"长"高，气候不断地变干旱，湖水不断地蒸发，盐分越积越多，最终形成盐层。此后又经过千万年的地质变化，盐层被深埋于地下。而其间又不断有地下岩层断裂，地下温泉又溶解了地层中的盐层，形成于地下"盐湖"。湖水上面挤压在狭小空间内的气体，就是天然气。在民国时期，当地人还用打通心的细竹竿连成了天然气管道，在古井旁的码头和城区各处接用古井的天然气。每天还有专人往"竹管"上刷肥皂水察看是否漏气，漏气就裹上点薄布、浇上融化的松香、石蜡封闭。

古代文物保存到今天，大多成了展示的"标本"，失去原有功能和作用。而燊海井一百多年仍然"初心"不变、默默奉献，依旧炉火通明、繁

熬制好的成盐

井架绞盘

自贡井盐熬制现场

忙如初，可以说是文物古迹中绝无仅有的奇迹！

附记：

在离燊海井不远处，自1972年起科学家还发现了大量恐龙化石，发掘出完整的恐龙数十具。既有体型巨大的以植物为食物的长颈椎蜥脚恐龙，也有凶猛的食肉恐龙，由此被誉为"恐龙群窟，世界奇观""中国的国宝"。1984年，这里建起了亚洲最大的恐龙博物馆，以后又经过了多次馆舍扩建、遗址保护、展览完善，被美国《国家地理》杂志称为"世界上最好的恐龙博物馆"。

另外，由于自贡自古经济富足，自唐宋时期就有了节庆之日张灯结彩的传统，花灯彩灯制作工艺不断完善发展。制作大型彩灯的传统绝技，成为自贡著名的非物质文化遗产，并经常到海内外大型游园会中制作展示。自贡也被世人称为"南国灯城"。

纸浆池前抢出的红色经典
——《共产党宣言》

"幽灵，一个共产主义的幽灵在欧洲游荡。""资产阶级撕下了罩在家庭关系上的温情脉脉的面纱，把这种关系变成了纯粹的金钱关系。""资产阶级在它不到一百年的阶级统治中所创造的生产力，比过去一切时代创造的全部生产力还要多，还要大。""让统治阶级在共产主义革命面前发抖吧。无产者在这个革命中失去的只是锁链，他们获得的将是整个世界。全世界无产者联合起来。"

各种版本的共产党宣言

两个版本的共产党宣言封面

前文的这几句话,可以说是每个中国共产党员都熟记于心可以脱口而出的。那么朋友们也都记得它们的出处吧?是的,它们都源于伟大的导师马克思、恩格斯于1847年底至1848年初为共产主义者同盟起草的纲领性文件——《共产党宣言》。而自从"宣言"诞生之日起,它就成为国际共产主义运动的第一个纲领性文件,阐明共产党的性质和任务。它如同号角,呼唤着全世界无产者掀起了一次又一次的革命浪潮;它如同灯塔,照耀着全世界无产阶级政党前进的方向;它更是一座丰碑,标志马克思主义的诞生。它还是20世纪初在中国大地形成燎原之势的新民主主义革命最初的火种。从它诞生至今,世界各地的共产主义者仍在不断研读它、传颂它、践行它。可是,朋友,你知道它是什么时候、被谁介绍到中国,因而在华夏大地生根、发芽、结果的吗?

在西长安街白云路路口的西南角,矗立着一座拥有宽大挑檐的高大宏伟的建筑,它就是首都博物馆。在博物馆主展厅二层"古都北京·历史文化篇"近现代部分的展柜中,有一本又薄又旧装订简陋的小书,与《五四》《新青年》《少年中国》等当时流行的进步书籍和李大钊、陈独秀、鲁迅等革命先驱的照片一同展出。它第一页被打开,平放在有机玻璃展托上。它就是中国第一次出版发行的中文译本《共产党宣言》。

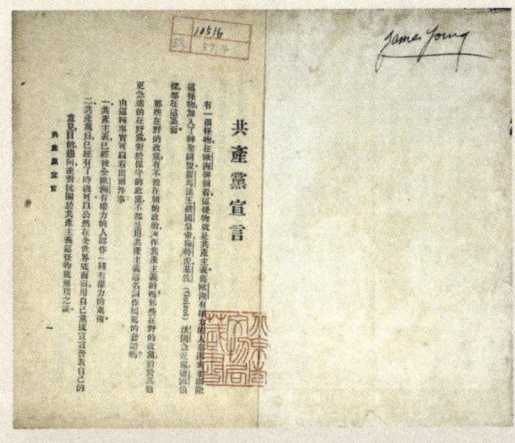

一版共产党宣言内页

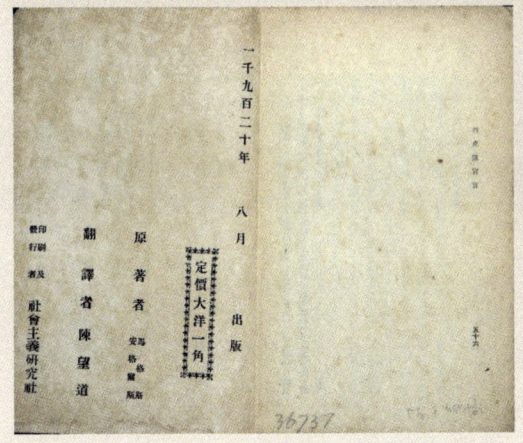

一版共产党宣言封三

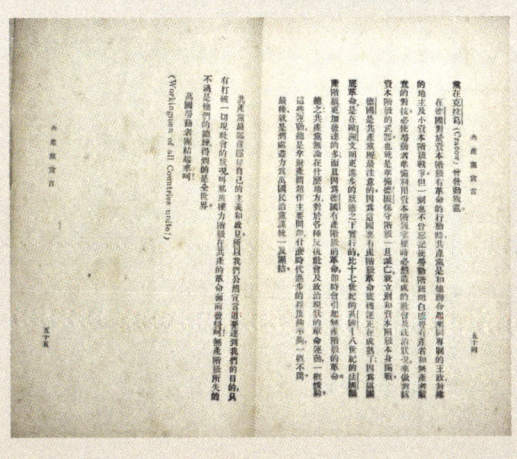

共产党宣言内页最后一页

首都博物馆北京历史文化展览近现代部分

　　从书的封面上可以看到，它的译者是陈望道，是"社会主义研究小组丛书第一种"。书的原作者被翻译为"马格斯、安格尔斯合著"。不知是由于时间仓促还是政治原因，书名被错印为《共党产宣言》，封面上还印有朱红色的马克思半身像。由于年代久远，书页已泛黄褪色，封面图像已有些模糊。从书内封三的版权页可以看到，书的出版者、发行者是社会主义研究社，是作为社会主义研究小组丛书的第一种在1920年8月刊印的，定价"大洋一角"。当时仅印刷发行了一千册。打开书籍仔细阅读可以发现，当时译文与现今最新版的《马克思恩格斯全集》第四卷中"宣言"译文有许多不同之处。例如，它的开篇是："有一个怪物在欧洲徘徊着，这个怪物就是共产主义。"它的结尾是："叫那班权力阶级在共产的革命面前发抖啊！无产阶级所失的不过是他们的锁链，得到的是全世界。万国劳动者团结起来啊!（Workingman of all Countries unite！）"全书加上封面和封底共 60 页，正文 56 页。

此书的译者陈望道先生，既是一位学者，也是中共早期党员，其一生充满了传奇。他 1890 年生于浙江义乌，1919 年从日本留学归国后就以纸笔做刀枪，开始从事新文化运动和宣传马克思主义的革命活动。他 1920 年参加了上海共产主义小组，任《新青年》编辑，其后又在中国共产党创办的上海大学任教，并在党内担任领导职务。但是，由于不满陈独秀的家长作风，他于 1922 年退党。虽然他人退党了，可他的心仍然是向着党的，他仍然为中国共产党继续做大量工作。无论是五卅运动，还是抗日救亡运动，他都积极参与，并冲在前列。新中国成立前夕，作为著名学者、修辞学专家、复旦大学新闻系主任的他，毅然拒绝了国民党的威逼、利诱、追杀，坚持留在上海迎接新中国。新中国成立后，他多次当选为全国人大代表，并重新加入中国共产党，担任复旦大学第一任校长。今天，在复旦大学校园中，仍可见到青松绿草环绕着的陈望道半身铜像。

陈望道先生翻译的《共产党宣言》，可能是他等身著作中最小的一本，可这本小书却影响了中国社会发展的进程，无数的革命先辈就是在这本"小书"的引导下，走上了革命道路。它曾是中国新民主主义革命的火种，并促成了中国共产党的萌芽、成长、壮大，最终成长为参天巨树。毛泽东 1936 年在延安接待美国记者斯诺时讲道："有三本书特别深刻地铭记在我的心中，使我树立起对马克思主义的信仰。""这三本书是：陈望道译的《共产党宣言》，这是中文版的第一本马克思主义的书；考茨基的《阶级斗争》；以及柯卡普著的《社会主义史》。到了 1920 年夏天，我已经在理论上和在某种程度的行动上，成为一个马克思主义者了。"鲁迅先生也曾称赞陈望道说："现在大家都在议论什么'过激主义'来了，但就没有人切切实实地把这个'主义'真正介绍到国内来，其实这倒是当前最紧要的工作。

望道在杭州大闹了一阵之后，这次埋头苦干，把这本书译出来，对中国做了一件好事。"陈望道于 1919 年至 1921 年间还翻译和介绍了恩格斯的《空想的和科学的社会主义》等书。

首都博物馆展出的这本《共产党宣言》，在 1994 年被北京市文物鉴定委员会认定为一级文物。专家们在鉴定意见上写道："鉴定为革命文物一级。此书为《共产党宣言》的第一版，在当时的一部分青年中影响较大。又是封面书名的错版，第二版改正了。周恩来总理生前一直关注着《共产党宣言》中文第一版的寻找，因此该书具有特别重要的史料及版本价值。"

确实如同"鉴定意见"所说，第一版的陈望道译本《共产党宣言》，陈望道先生本人也没有保存下来一本，现在世上可知在各大图书馆中珍藏的加起来也才九本。而首都博物馆展出的这本，也是历经沧桑巨变"虎口脱险"才保存下来。它是北京地区老一辈文物工作者从"刑场"上抢救下来的"国宝"。

据北京市文物局离退休老干部孙春华等老先生们介绍，这件"国宝"是"文化大革命"时从北京造纸厂中拣出来的。"文化大革命"期间许多有识之士和国家文物局都向党中央呼吁要保护祖国珍贵的文化遗产。1967 年 2 月，北京的 13 个群众组织又联合发出了由国家文物局谢辰生起草的《关于保护革命文物和古旧文物的倡议书》和《关于保护古旧书刊字画的倡议书》。1967 年 5 月，"中央文革小组"被迫制定和传达了"在文化大革命中加强保护文物图书的几点意见"。意见中指出："对有毒的书籍不要随便烧掉，要作为反面教材，进行批判。""各地革命委员会或军管会应当结合对查抄物资的清理，尽快组织力量成立文物图书清理小组，对'破四旧'过程中查抄的文物（如铜器、陶瓷、玉器、书画、碑帖、工艺品等）和书籍、文献、资料进行清理，流失、分散的要收集起来，集中保存，要改善保管条件，勿使损坏。""各炼铜厂、造纸厂、供销社废品收购站对于收到的文物图书一律不要销毁,应当经过当地文化部门派人鉴定、拣选后再行处理。"同年,北京市成立了"北京市古旧文物清理小组",由市文化局、中国书店、文物商店、文物工作队和外贸局等单位选派的八十余人组成,其主要任务是收集整理查抄的古籍、文物。小组中许多人都曾在琉璃厂的古玩店和中国书店中工作过,都可以称得上是文物专家,如傅大卣、马宝山、赵存义、孟宪武、李新乾等。这一小组于当年8月进驻了办公地点——也是现今北京市文物局所在地——东城区府学胡同36号。小组人员自调入之日起就奔赴设在恭王府戏楼、西直门教堂、汽车驾校、白塔寺、护国寺、缸瓦市教堂、清真寺、官园等地的数百个库房中去拣选。据孙春华先生回忆文章记载,从拣选小组成立至1967年7月末,"就从被查抄户中选出的旧书刊66吨又80万册,文物662000件,铜器25吨;从北京造纸厂通县分厂选出古旧书刊32吨。7至9月份,又从北京造纸总厂选出古旧书刊120吨。以上图书全部存入国子监街的孔庙内妥善保管"。另据赵存义等老先生回忆,当时古旧图书付给造纸厂的价格是一角二分一公斤,其中有大量元、明、清古画、古籍善本、孤本。当时许多图书和文物全都是露天乱放,抢救下来的与销毁的相比,只是沧海一粟。曾几何时,拣选人员就站在北京造纸厂的纸浆池前面,当抄来的一车车书籍被用大铲子往纸浆池中推送时,拣选人员看见"好书"就双手往怀里搂,也分不清楚什么名字、什么时代。其中有明清时期的,也有民国时期的。他们是从绞刑架上抢下死刑犯。第一版《共产党宣言》就是在这种情况下被抢救下来的。在它的藏品档案的来源一款写着:"北京造纸厂拣出"。

这批拣选回来的古籍文物,文物部分入藏了北京地区的博物馆,古籍中的一部分入藏到后来成立的北京市文物局图书资料室,包括第一版《共产党宣言》。在"文化大革命"期间,"四人帮"和康生、陈伯达等还经常到府学胡同36号来挑拣"议购"他们喜爱古籍、文物,共借阅"议购"古籍 26000 册、字画 13000 件、文物 3000 余件。其中，书籍中他们只要价值连城的古代珍本、善本、孤本。因而《共产党宣言》也得以幸存。

在这件"国宝"的封二上方，有一英文名字签字"jamei young"。笔者猜测可能是本书原购书者的签名，他应该是一位杨姓的男士，从流畅华丽的笔迹中可以推断，他是有较高文化水平的知识分子。也可以肯定，"文化大革命"时期他也遭受了"抄家"的噩运。

还好，历史是人民书写的！今天，这本《共产党宣言》能在首都博物馆展出，我们应感谢那些所有关心和亲身从事文物保护工作的前辈们，要感谢那位当年的购书者，感谢陈望道先生，感谢社会主义研究会……

奔马，
抗日战争时期的徐悲鸿

骏马，在中国古代绘画史中一直占有重要一席。从唐代韩幹的《照夜白图》至清代郎士宁的《十骏图》；从元朝赵孟頫的《秋郊饮马图》，至清代众多宫廷和民间画师的《洗马图》，宝马良驹，神骏轻骑，跃然纸上，呼之欲出。然纵观图中之马，虽神态各异，或昂首长鸣，或垂缰饮水，但多为驻足歇脚之态，至郎士宁《十骏图》，图中骏马已似沦为宠物，或慵懒侧卧在芳草之中，或嬉戏玩耍于绿荫之下。其情景祥和、甜腻，绝无斗志与激情,如清末八旗子弟懒散萎靡之写照。

然而,如同每在中华民族危难之时,必有勇士挺身而出舍生取义一样,在近现代中国画坛上,一位以骏马为主要题材的画家,一骑绝尘横空出世。他用洗练传神的水墨、排山倒海的气势,展示了骏马志在千里、拼搏疆场的风骨。其笔下的骏马,鬃毛乍起,马尾飞扬,四蹄腾空,如风似电,奋勇狂奔,激励着观赏者驰骋疆场的斗志与雄心,他就是伟大的爱国画家徐悲鸿!他笔下之马绝无五彩之艳色,更无眼眸闪烁之媚态。画中所题"哀鸣思战斗,回立向苍天""秋风万里频回首,认识当年旧战场",正是其笔下之马的最好写照。画中之马不是供观者赏析的玩者,而是催人扬鞭冲杀的号角。画中之马如此,徐悲鸿本人在八年抗战期间也如同画中奔马一样,为了民族的解放奋力奔行,拼尽全力。

"二十七年岁始,国难孔亟,时与麟若先生同客重庆……"这是1938年徐悲鸿在他的巨作《负伤之狮》中的题字。画中之雄狮虽已羸弱消瘦尽显筋骨,然其并非低眉俯首绝望投降,而是仍怒视后方之仇敌,蓄势待发。

"辛巳八月十日第二次长沙会战,忧心如焚,或者仍有前次之结果之。企予望之。悲鸿时客槟城。"这是1941年徐悲鸿在其《奔马图》中的题字,图中之马昂首奋蹄,迎面奔来,其昂扬的斗志与决心,不言自明。"昔有狂人为诗云:'一得从千虑,狂愚辄自夸。以为真不恶,古人莫之加。'悲鸿时客西马拉雅之大吉岭。鄂北大胜,豪兴勃发。廿九年五月。"此为1940年徐悲鸿在他的代表作《群马图》中的题字。图中之马英姿飒爽,睥睨天下,神态中尽显胜利后的喜悦。

在徐悲鸿纪念馆中,收藏着两幅同一名称、同一内容的国宝级绘画,它们就是《愚公移山》。一幅为国画,一幅为油画。国画《愚公移山》几十年来一直摆放馆内展厅中最显著的位置。而这两幅《愚公移山》正是绘

1939年5月徐悲鸿致李宗仁信函（李宗仁文物管理处提供）

愚公移山（国画）（徐悲鸿纪念馆提供）

愚公移山（油画）（徐悲鸿纪念馆提供）

素描 693 狮吼

负伤之狮
（1938年）

画于中国抗日战争最艰难的时期——1940年。徐悲鸿当时受印度诗人泰戈尔邀请赴印度举办展览和讲学。客居在异国他乡，面对巍峨高耸的喜马拉雅山，他经过精心构思，寻找多个人体模特写生，历经数月最终创作出这幅巨作。他正是要通过此画，将"愚公"那顽强不屈、百折不挠的精神和终将必胜的信念传达给全中国人民，以及全世界正在为正义与和平战斗的人们。

徐悲鸿不仅心系祖国的命运，更是以实际行动为拯救民族危亡拼尽全力。"伯阳、丽丽两爱儿同鉴：我因为要尽到我个人对于国家之义务，所以想去南洋卖画，捐与国家。行未到半路（香港）便遭封锁，幸能安全出国。但因未曾领得护照，又多耽搁近两个月，非常心焦，亦无法可行。兹已定今夜（1月4日）乘荷兰 van Heufze 赴新加坡，在路上有四日。如能一切顺利，二月中定能返到重庆。国难日亟，要晓得刻苦用功。汝等外祖父母亲想安好，我虽在外，工作不懈，身体不好亦不坏，可勿念。你二人用功学及体操，旧邮六张两人分之，外祖父前代我请安，母亲代我问安。"这是1939年4月徐悲鸿乘荷兰轮船去新加坡义展途中，写给家人的信函。为了给前线的战士筹款，他曾多次赴经济较发达、暂时仍未染战火的新加坡、马来西亚、印度和香港等国家和地区展销义卖书画，"将自己所能贡献国家，尽国民的义务"。

2005年，高136厘米、宽98厘米的巨幅油画珍品《珍妮小姐》在保利国际拍卖公司的秋季拍卖会上以2200万元成交。而这幅肖像画正是1939年徐悲鸿在新加坡筹款期间所画。当时，比利时驻新加坡副领事勃兰嘉邀请徐悲鸿，为其广东籍女友珍妮画一幅肖像画。为了能给前线多筹得一些善款，徐悲鸿自降身段爽快地答应此事，并本着艺术家的操守全身心地投入到创作中。当此画完稿后，画中的珍妮小姐可谓神形兼备，画面精美绝伦。勃兰嘉被徐悲鸿高超的功力所打动，特意为此画作举办了一次拥

珍妮小姐

有众多社会名流和新闻记者参加的盛大揭幕仪式,并慷慨支付酬金四万新币。这在当时的新加坡,是单幅绘画的最高价格。此后不久,徐悲鸿又为在新加坡进行抗日募捐义演的戏剧艺术家王莹女士创作了《放下你的鞭子》这一中国近现代绘画史中的经典之作。

在新加坡徐悲鸿绘画义展的开幕式,总督夫妇亲临参观,当地媒体广泛报道。在香港等地的展览上,《愚公移山》被陈列在最显著位置,许多报刊登载了照片,鼓舞了民众誓死抗战的决心和士气。据吴作人先生的《徐悲鸿生平》记载:"在一九三九年到一九四二年之间,徐先生历次筹赈画展所得都全部捐献,总额将近十万美金。"在战时中国,这是个天文数字!这期间,徐悲鸿还先后会见了甘地、泰戈尔等国际友人,以及难以尽数的海外爱国侨胞。徐悲鸿通过一系列的艺术创作活动、社会活动,团结了海外华侨和国际友人一起支援中国抗战。

重庆石家花园大门

重庆石家花园中国美术学院旧址庭院

1942年，徐悲鸿回到国内，同样马不停蹄地举办义展、义卖、募捐等活动，仍如同一匹驰骋在战场上的永不疲倦的战马。1942年，他在云南保山举办义展，将卖画所得全部捐献。1943年在重庆举办展览，《田横五百士》《愚公移山》《巴人汲水》《奔马图》……一幅幅绘画成为一声声号角，唤起民众保家卫国的决心；成为一支支利箭，射向日本侵略者……徐悲鸿既是艺术家，更是一名"战士"，他用艺术家的特殊方式在与日寇战斗。在此期间，徐悲鸿的长子徐伯阳在父亲的感召下，也投笔从戎。

作为一位伟大的教育家，徐悲鸿深知，中华民族若要永远屹立于世界民族之林，就需要不断有优秀的人才涌现。越是艰难时期，越要发展教育。在八年抗战期间，徐悲鸿坚守教育家的本色，一直不断地尽己所能培养人才、扶持新人。抗战时期，作为中央大学艺术系教授的徐悲鸿，培养出戴泽、康寿山、卢开祥……一批在中国现当代艺术史上占有一席之地的艺术家。教学中，他为了鼓励学生，凡在课堂上写出、画出好的作品，他就以自己的作品换取作为奖励。当家境贫困的学生无钱买颜料等学习用具，他就自己掏钱买来送给学生。1943年暑假时，为了学生的生命安全和学艺的增长，他特意带着学生们去山高林密的青城山写生。出发时他得知有的学生没钱支付路费时，当场就掏出自己兜中的微薄积蓄塞到学生手中。

当然，在教学中徐悲鸿传授给学生最宝贵的东西，还是爱国主义情操和铮铮铁骨。《国殇》《愚公移山》《田横五百士》，既是他教学的教具，也是燃起学生们誓死保卫家园爱国烈焰的火种。他最得意的学生冯法祀，在徐悲鸿的鼓励下还加入了八路军，奔赴抗日前线。

1938年春季的一天，日寇敌机轰炸重庆，仍在课堂上教学的徐悲鸿急忙组织、催促学生们一个个快速转移到防空洞，而他自己毅然陪同一名行动稍迟缓的学生留在课堂。他对那名学生说："日本鬼子欺人太甚！拿出笔来教你画竹子。"伴随着窗外轰轰的炮弹爆炸声，一幅顶天立地、铁骨铮铮的双竿墨竹呈现在学生的画桌上。画成后徐悲鸿豪迈地说:"喜气写兰,怒写竹,古人说的不错。"徐悲鸿视死如归的豪情,每时每刻都感染激励着身边的莘莘学子。1943年起,他还开始筹办中国美术学院,组成集体抗战的"马群",一批伟大爱国艺术家团结在了徐悲鸿周围:张大千、吴作人、李瑞年、王临乙、沈逸千、艾中信、董希文……

由于长期颠沛流离和过度的劳累,1944年徐悲鸿病倒住院。而其所任教的中央大学,在其病倒后第二个月便停发了工资。半年后极度贫困的徐悲鸿只好离开医院回到简陋的租住屋中继续养病。冬天时"手指和脚趾冻

重庆石家花园——中国美术学院旧址

得发痛"。

对于徐悲鸿这样一位伟大的爱国艺术家、一个曾经冲锋陷阵的战士，中国共产党并没有因为他的生病没有新的创作而将他遗忘，1945年2月，好友郭沫若来看望他，带来了延安出产的小米和红枣，他对徐悲鸿说："这是周恩来先生从延安带回的，他托我送给你，并嘱我转致他的问候。他实在太忙，不能亲自来看你，十分抱歉。"

当时国民党的独裁与腐败已激起了徐悲鸿的不满和失望，而郭沫若讲述的中国共产党抗战事迹和民主、正义的主张，使徐悲鸿看到了中国的希望和未来。他撑着病体在《陪都文化界对时局进言》上郑重签字。郭沫若当场挥毫赞叹："豪情不让千钟酒，一骑能冲万仞关。仿佛有人为击筑，磐溪易水古今寒。"筑为古代乐器，易水为荆轲刺秦时离别燕国之地。李白曾有"击筑饮美酒，剑歌易水湄"的诗句。郭沫若的诗句，表达了二人为国赴难的勇气和决心。

《陪都文化界对时局进言》是在中国共产党领导下书就的统一抗战、爱国民主宣言。"进言"中提出："1. 临时紧急会议作为国民会议的前驱。2. 组织统一政府，推行战时政治纲领。3. 停止特务活动，保障人民身体自由。4. 停止一切军事上对内相克政策。5. 严惩贪污狡猾官吏。6. 取缔友邦歧视之言论。"1945年2月22日，这篇有老舍、马寅初、翦伯赞、沈雁冰等二百多位各界名人亲笔签名的"进言"在重庆《新华日报》刊登。这以后的一段时期里，不断有特务、国民党高官来威逼利诱徐悲鸿，让他声明他是受了欺骗而签字。徐悲鸿在事关国家民族命运的大是大非面前，早已将个人安危生死置之度外。疾病和恐吓完全没有阻止、减缓其如奔马的抗战步伐，摧垮其如战马般拼死沙场的信念。

八年抗战，徐悲鸿不待扬鞭自奋蹄，始终如战马般勇赴疆场，冲锋在前。中国古代画家那种不问国事、只谈风月、归隐纵情于山水间的做派与闲情，在他身上绝无半点踪影。爱国主义已融入其血脉，成为其人生的最高追求。中华人民共和国国歌采用《义勇军进行曲》，也是 1949 年召开全国政治协商会议上徐悲鸿提议，周恩来总理、梁思成等附和赞同才确定的。

徐悲鸿用自己的一生，对伟大的爱国主义艺术家这一称谓做了最好的诠释！

附记：

徐悲鸿既是位画家，也是诗人，在此摘录他的部分诗句，以供读者充分了解他的爱国品格。

"题奔马"：伏枥宁终古，穷追破寂寥。风尘动广漠，霜草识秋高。定溯河源住，冯夷会见招。微能奔走耳，未死未辞劳。

题"奔马"：百载沉疴终自起，首之瞻处即光明。

题"奔马"：百战山河归民主，铲尽崎岖大道平。

这是 1939 年徐悲鸿写给广西桂系首领李宗仁的信函，反映了徐悲鸿以特殊方式参与抗战情况。他在信中写道："德公元戎麾下：鄂中大捷举世腾欢。屈指台儿庄正届一载。此悲壮惨痛之五月将以我公之威改变。四万五千万人情绪。而友邦态度于以坚定，最后之胜利在望，远方逖听欢忭鼓舞为何如耶。鸿于四月间在星洲举行画展，曾得国币三万金，以献国家并指定以半数指与广西第五路军阵亡将士遗孤。拟于下月赴吉隆坡、槟城两处，举行同样意义之展，以尽国民之责。八月之后，将应大诗人泰戈尔之请往印度各邦展览。凯旋之时，必当归来与民众共迎公与全军。石头城下海天万里，曷胜神驰。敬叩，勋安。悲鸿，顿首。鹤龄将军同此致敬。天游兄尚在军中，并此致意。五月三十一日星洲。在此晤上海导报，蒋光堂先生谈公坐镇徐州，事甚欤洽。"

王㐨，文化遗产保护传承的殉道者

当人们惊叹于博物馆中精美的文物时，大多不会想到，它们的保存展示，背后有着无数的文博工作者默默无闻的无私奉献、长年累月的研究探索；还有一些文博工作者，为保护传承文化遗产奉献了青春，乃至生命。今天，就让我们认识一位为保护传承祖国优秀文化遗产而奉献出生命的"苦行僧""殉道者""国际专家"王㐨先生。

最初了解王㐨先生，是阅读到他女儿、北京艺术博物馆王丹馆长整理

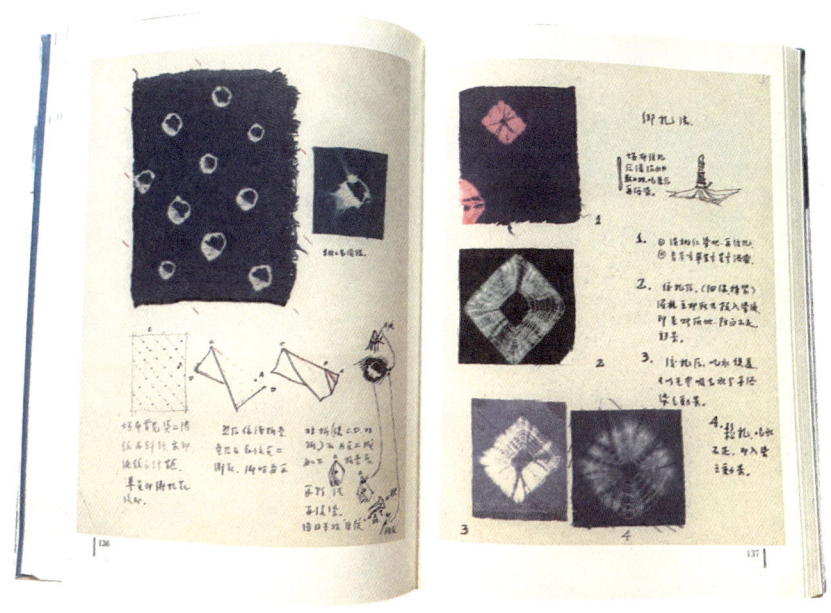

染缬集内页

出版的王㐨先生遗著《染缬集》。书籍收录了王㐨先生生前的多篇论文,并以彩版影印的方式刊印了王㐨先生的工作笔记。染缬是一种始于秦朝的传统纺织品染色技艺,二千二百多年来一直在中华大地上传承、发展、改进。从普通的棉麻到高级的绸缎,从简单的漂染到绞染、扎染、夹染、印染等数十种工艺,从简单的蓝白色彩和花卉图案到万紫千红和包容天下万物的图案纹饰,从一个侧面展现了中华文化艺术和科学技术几千年来发展传承的脉络。但是,在千年的传承中,也有一些技艺因被遗忘而消失了,一些技艺的发展停顿了。王㐨先生凭借着一种执着的精神,一生中不停地摸索实践,不仅恢复了多种失传的技艺,还在图案、工艺等多方面有自己的创新。可他不是一名织染"工匠",而是一位文物专家。

2014年,笔者在读完刚出版的《染缬集》后,又忍不住阅读了中国丝绸博物馆赵丰编著的《王㐨与纺织考古》、商务印书馆(香港)有限公司

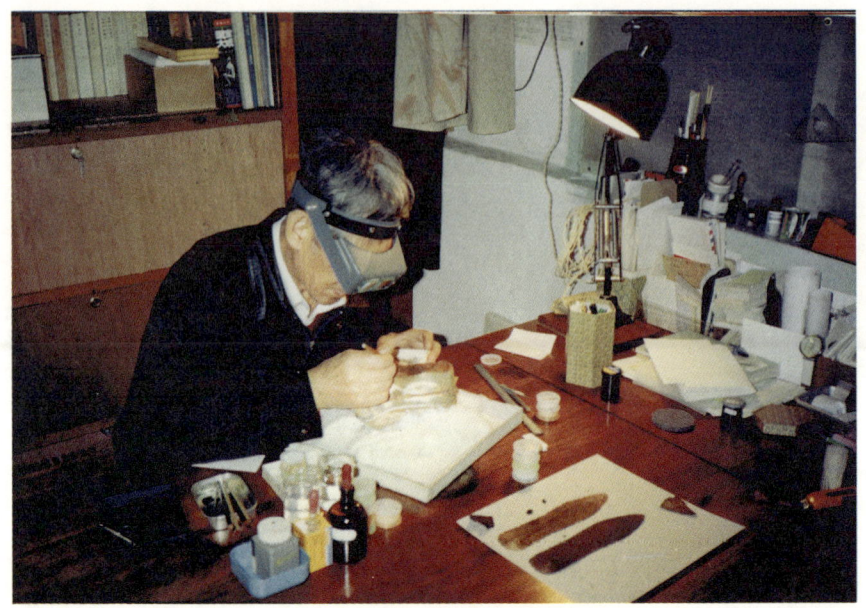

1992年王㐨先生在进行文物研究

王㐨先生著作书影

以王㐨先生笔记资料出版的《日伪时期煤矿坑的故事——山西煤矿万人坑发掘记事》。王㐨先生以动手实验为基础的治学方法、文物研究方式，以及其高尚品格、无私奉献的精神深深地打动了我。其后，我又探访了王㐨先生生前的住所（北京市朝阳区望京小区中国科学院考古所宿舍），拜见了王㐨先生的夫人胡曜云女士。在那里我阅读到了胡曜云女士初步整理的王㐨先生生前所写的一百余本工作笔记，看到了屋中堆满的王㐨先生为研究染缬工艺而配制的数十种染料、化学试剂；看到了难以尽数的染缬标本、古旧的手工织布机……在他的工作日记中，不仅有实践记录，还粘缝着依照古代方法编织的麻线、用古代方法织出的、夹染出的小块布料标本……

1930年7月，王㐨先生出生于山东掖县，青少年时期在济南、上海等地读书、学习绘画。成年后他参加了中国人民解放军，并参加了抗美援朝作战，在朝鲜战场上的几年间数次与死神擦肩而过。在完成部队任务之

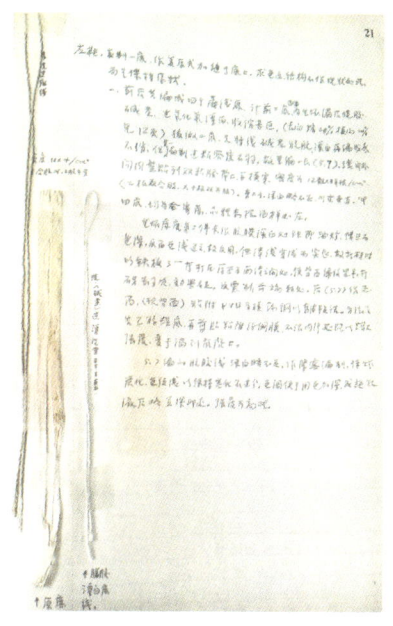

王㐨先生在《中国古代服饰研究增订本》样稿上的修改笔记

王㐨先生的研究笔记

余,他竟然还利用极为短暂的业余时间,将在朝鲜所看到的植物绘集成图谱,寄给了中国科学院植物所,以致该所正式发出信函,邀请他复员后去那里工作。可他却因为与沈从文先生的一次奇遇,复员后选择到中国科学院考古所工作。

在王㐨先生还是一名志愿军战士时,有一次回国办理公务中,插空跑到中国历史博物馆参观。在博物馆大门口台阶上,偶然遇到了坐在台阶上小憩的沈从文先生。"童心未泯"的沈先生看到他一身志愿军戎装,行为迟疑,就主动上前搭话。当得知他不知道怎么买票参观时,就立刻主动地陪同他购票参观,并耐心细致地做了一次两小时的全程讲解。王㐨先生被博物馆的瑰宝和沈先生的讲解深深地吸引了。第二天、第三天又挤出时间来参观,沈从文先生仍是热情耐心地全程陪同讲解。二人都没有想到,这一机缘巧合促成了王㐨先生将其今后的人生奉献给了文物保护事业。抗美援朝战争结束后,面临抉择的王㐨先生拒绝了部队的挽留和许多大机关抛来的橄榄枝,在沈从文先生的感召下,毅然从事了文化遗产的保护传承工作,直到生命的尽头。

虽然不是科班出身,还是半路出家,可从王㐨先生的著作中也可看到,他在文物科技保护研究,尤其是在古代纺织品保护方面,达到前所未有、至今仍难以超越的高度。在他的《八角星纹与史前织机》一文中,他通过对五六千年前古代陶器上常出现的八角星纹分析,再经过与其他出土文物的配合印证,经过抽丝剥茧式推理,论证出此纹饰源于史前织机的经轴"滕"的形象,进而证明七千年前在中华大地已经产生了"梯架式织机"。这样一个许多人都熟视无睹的形象,在他敏锐的眼中,成为揭开中国古代纺织工艺起源的线索。

在《汉代丝织品的发现与研究》等论文中,他经过对海量出现汉代丝织品文物标本的甄别,系统地区分出纱、缣、罗、绮等种类,以及织法、染法、绣法等，为后人打下了一个坚实的基础。他的《被焚烧过的古代纺织品的保护》一文，更是传授了一套继绝存亡的文物保护方法。

王㐨在开展文物保护研究时，不是从理论到理论，他更像一个科学工作者，以科学实践和实践成果来证实历史、保护历史。《战国策·齐策》等古文中有"齐紫败素也，其价十倍"和其染色腥臭的记载。王㐨先生以此推断齐人的紫色华服是用渤海所产的骨螺染成。为了证实自己的推断，他特意让故乡的亲友给他捎来一些不同品种的骨螺反复实践，最终染出了"帝王紫"。在修复汉代朱砂染色的丝织物时，他同样也是经过无数次实验，摸索出一套科学的沿用至今的保护方法。20 世纪 70 年代，他在为阿尔巴尼亚修复珍贵古书时，又开创了以单根桑蚕丝叠绕网为主体，以聚乙烯醇缩丁醛为胶黏剂的一整套丝网加固技术，这一项国内外都前所未有的保护古籍的新发明，至今仍在国际上领先。

如果你有幸看到《染缬集》书中数百页的染缬实验笔记，数百块精美的染缬标本，你就会完全相信，王㐨先生开创的这条以实验为主的、独特的文物保护方法，是一条值得后人认真学习和效仿的道路。他通过自己无数次实践，将古代染缬许多失传的技法和古老工艺又救"活"了。他通过对文物残品的分析、工艺的复原，将古代工匠们当年口耳相传的工艺"秘绝"，用文字、图示、标本展示出来，并用科学实验的方法证实、改进，使之成为一笔全人类共享的无形文化遗产。据王丹女士介绍，小时候经常看到父亲用家中古老的织布机纺织布匹，用大铁锅在火炉上蒸煮各种颜色的布料。他为了能取得更多的科研成果，常年每天只睡五个小时。

1978 年，中国社会科学院成立中国古代服饰研究室，王㐨先生开始作为助手跟随沈从文先生研究中国古代服饰，帮助沈先生完成了巨著《中国古代服饰研究》，二人又合著了《中国古代服饰史》。沈从文先生是大学问家，可在生活上却是个"矮子"。他在单位上的一些行政事务、个人工资存折，都放心地交给王予打理、保存。

在王予先生的考古生涯中，还有一段极为特殊的、值得记录的经历，也是这一段经历导致了他英年早逝！"文化大革命"期间，他有三年时间被派往山西大同煤峪口煤矿开展"万人坑"的发掘。

日本侵略者在第二次世界大战侵华期间，长年霸占挖掘中国的煤炭资源运回国内，支撑他们的野蛮侵略战争。更为令人发指的是，他们从不将那些骗来、掳来的矿工当人看，吃的是发霉的"杂和面"，一下井就是十几个小时，得病就得等死。逃跑的矿工若被抓住，冬天浇冰水冻死，夏天浇沥青烫死。所有人死后全扔进废弃的矿井和"万人坑"中，一层尸体一层白灰掩埋。大同的煤矿在日伪时期死亡矿工达六万余人。这些"万人坑"在1966年偶然被一些学生发现，最终上报到国家文物局。国家文物局十分重视，牵头组织中科院考古所、古脊椎所、自然博物馆等单位的专家开展了考古发掘工作。王予先生是其中工作时间最长的一人。他常年在阴冷潮湿的矿井中，对一具具尸体进行拍照、解开衣服、翻看衣兜查找证据，证明了那些年轻的矿工是被饿死、打死……由于年代并不久远，许多尸体都散发浓烈的恶臭……很长一段时间下井发掘的，只有王予先生等两三个人。有一次，一位技术人员在阴暗的井底，被堆积如山的尸体绊倒，又被尸体弯曲的手指勾住衣裤难以爬起离开，精神受到巨大的刺激，过了一段时间竟然抑郁而终……

为了深入了解当时的情形，王予先生还走访了幸存的老矿工，以矿工的诉述与发掘资料相印证。三年艰苦而压抑的工作，矿井阴冷而潮湿的环境，使他患上了严重的肾病，并因此疾病在年仅67岁时便离开了人世！

为了让世人牢记那段惨绝人寰的历史，王予先生曾与国内一些出版社联系出版他珍贵的发掘资料，包括尸体照片、挖掘整理记录、寻访记录等。

可是，由于一些特殊原因，国内多家出版社都拒绝出版。在王孖先生数年长期不懈的努力下，最终在1995年世界反法西斯战争胜利50周年之际，才由商务印书馆香港有限公司出版发行。该书封套上写明："第二次世界大战结束五十年纪念出版。科学发掘，铁证如山！！！比南京大屠杀平凡？和南京大屠杀同样悲惨！""为了将来，历史不应忘记：日军以人命换煤炭的行为、大东亚共荣外衣下的事实、恶心的图片内，都是我们的死难同胞。检视历史的伤口，才知和平值得珍惜。"

此书出版后，王孖先生把一万多元的稿费全部捐献给了山西省大同市万人坑展览馆。他这种对历史负责的态度和高贵的人格，体现了一个真正文博工作者的素养！

后 记

  祖国优秀的文化遗产,蕴含着民族的血脉,是民族之根之魂。怀敬畏之心薪火相传,是包括我在内的每一位文博工作者的责任。

2020 年 11 月 30 日
于北京德胜门箭楼

图书在版编目（ＣＩＰ）数据

国宝沉浮 / 高小龙著 .-- 北京 : 北京联合出版公司 ,2022.8
ISBN 978-7-5596-5554-7

Ⅰ.①国… Ⅱ.①高… Ⅲ.①文物—介绍—中国 Ⅳ.① K87

中国版本图书馆 CIP 数据核字 (2021) 第 192615 号

国宝沉浮

出 品 人：赵红仕
封面题字：方建勋
责任编辑：章懿
出版发行：北京联合出版有限责任公司 / 北京联合天畅发行公司
社　　址：北京市西城区德外大街 83 号楼 9 层
邮　　编：100088
电　　话：（010）64256863
印　　刷：北京天宇万达印刷有限公司
开　　本：787mm×1092mm　1/16
字　　数：256 千字
印　　张：20.5
版　　次：2022 年 8 月第 1 版
印　　次：2022 年 8 月第 1 次印刷
ISBN　978-7-5596-5554-7
定　　价：78.00 元

文献分社出品
未经许可，不得以任何方式复制或抄袭本书部分或全部内容
版权所有，侵权必究